CATALOGUE

DE LA

COLLECTION SABATIER.

CATALOGUE

DE LA

COLLECTION SABATIER.

MÉDAILLES ROMAINES:

IMPÉRIALES ET IMPÉRIALES GRECQUES

DEPUIS JULES CÉSAR JUSQU'A ARCADIUS.

Pescennii Nigri uxor.

Saint-Pétersbourg.

1852.

ПЕЧАТАТЬ ПОЗВОЛЯЕТСЯ,

съ тѣмъ, чтобы по напечатаніи въ Цензурный комитетъ представлено было узаконенное число экземпляровъ.

С. Петербургъ, 15 іюля 1852 года.

Цензоръ Н. Пейкеръ.

Imprimerie de D. Kesneville. — Troïtzky péréoulok, № 6.

La collection de médailles romaines dont nous donnons ici le catalogue est bien connue; elle a été gravée et décrite dans notre Iconographie (*) dont dix-sept livraisons sont déjà terminées; les trois dernières ne tarderont pas à paraître.

S'il nous est interdit de vanter le cadre et la composition d'une collection que nous avons formée laborieusement, avec amour et sans aucune parcimonie, nous pouvons sans scrupule en signaler les raretés de premier ordre et les exemplaires qui nous paraissent les plus importants, tels, par exemple, que 153 pièces d'or; 139 médaillons de tout métal: une médaille spinthrienne; 22 nomes d'Égypte; plusieurs monnaies uniques; 30 pièces d'argent des rois de Mauritanie et de Numidie, et enfin 716 Impériales grecques, parmi lesquelles se trouvent beaucoup d'exemplaires inédits.

Voici donc, pour unique préface, la nomenclature des pièces que nous considérons comme les plus rares, dans tous les genres et en tout métal.

(*) Iconographie de 5000 médailles romaines, byzantines et celtibériennes. St. Pétersbourg, Bellizard et C-ie. — Paris, Rollin, rue Vivienne, 12. — Londres, Barthès et Lowell. — Berlin, E. Götz — E. E. Mittler, Bath.

OR.

Monnaies de: Sextus Pompée—Caligula et Germanicus—Othon — Vitellius — Trajan, père — Plotine — Matidie — Lucille — Pertinax, 2 ex^{s}. — Sept. Sévère — Géta — Élagabale — Philippe I. — Philippe II. — Trajan Dèce, 2 ex^{s}. — Étruscille — Hérennius Étruscus — Hostilien — Trébonien Gallus — Volusien, 4 ex^{s}. — Émilien — Postume — Tétricus, père — Tacite — Probus, 4 ex^{s} — Carus — Numérien, 3 ex^{s}. — Carinus — Magnia Urbica — Julianus, tyran, 2 ex^{s} — Galérius Maximien, *quinaire* — Licinius, père, 2 ex^{s}. — Licinius, fils, tête de face — Famille Numatia — pièces de LX — de XXXX — et de XX sesterces.

ARGENT, BILLON OU POTIN.

Monnaies de: Juba I — Juba II — Juba II et Cléopâtre—Ptolémée — Lucius Antonius — Auguste, Caius, Lucius et Julie — Germanicus et Artaxias, *unique* — Caligula et Germanicus — Clodius Macer — Plotine — Marciana — Pertinax, 5 ex^{s} — Didius Julianus, 3 ex^{s} — Manlia Scantilla — Didia Clara — Pescennius Niger, 2 ex^{s} — Sept. Sévère, Caracalla et Géta — Julia Domna, Caracalla et Géta — Gordien I, *Africanus*, 4 ex^{s}. — Gordien II, *Africanus* — Tranquillina — Iotapien — Pacatien, 2 ex^{s}. — Macrianus junior — Quiétus — Héléna, f^{me}. de Julien II — Procopius, 3 ex^{s}. et une grande quantité de monnaies d'argent du Bas empire, à partir de Licinius père jusqu'à Arcadius — *Potin, frappées à Alexandrie d'Égypte:* Hérennius Étruscus — Quiétus — Aurélien et Athénodore, 2 ex^{s}. — Domitius Domitianus, etc.

BRONZE, de tout module.

Monnaies de: Pertinax, 2 ex^{s}. — Didius Julianus, 3 ex^{s} — Manlia Scantilla, 2 ex^{s}. — Didia Clara — Annia Faustina—

Gordien I, *Africanus*, 2 ex[s]. — Gordien II, *Africanus*, 2 ex[s]. — Tranquillina, 2 ex[s]. — Émilien Æ[1] — Gallien et Salonine — Carus et Carinus — Carinus et Numérien — Nigrinianus — Domitius Domitianus — Alexander, tyran, 2 ex[s]. — Licinius, père et fils, 2 ex[s]. — Hannibalianus — Népotianus — Vetranio — Procopius, etc.

MÉDAILLES INÉDITES, de tout métal.

Romaines: AR. Marc-Antoine et Octavie — AR. Clodius Macer — Æ. Hadrien — AV. Aelius, Caesar — Æ. Tranquillina et Gordien III — AV. Trajan-Dèce — Æ[2]. Émilien — Æ. Gallien et Salonine — AV. Maximien Hercule. Æ. Galère Maximien et Maximien Hercule — AR. Flavia Héléna, f[me]. de Julien II — Æ. Eugénius.

IMPÉRIALES GRECQUES INÉDITES.

Æ. Thracia — *Cardia;* Sept. Sévère.
Philippopolis; Crispine.
d[o] Sept. Sévère.
Serdica; M, Aurèle et Vérus.
Macedonia — *Amphipolis;* Antonin le Pieux.
Epirus — *Nicopolis;* Commode.
Corcyra ; Caracalla.
Attica — *Megara ;* Sept. Sévère.
Achaia — *Corinthus;* Julia Domna.
d[o] Sept. Sévère et Caracalla.
d[o] Géta.
Laconia — *Gythium ;* Géta.
Arcadia — *Melagopolis;* Élagabale.
Mysia — *Assus ;* Géta.
Cyzicus : Maximin I.
Germe; Sept. Sévère.
Pergamus ; Auguste.

Troas — *Alexandria;* Maxime I.
Dardanus; Hadrien (unique.)
Ilium; Auguste.
d° Sept. Sévère et Caracalla.
Pot. Ionia — *Ephesus;* Claude.
Æ. *d°* M. Aurèle.
Caria — *Taba;* Antonin le Pieux.
Pisidia — *Sagalassus;* Diaduménien.
Cilicia — *Seleucia ad Calycadnum;* Hadrien et Sabine.
Tarsus; Gallien.
Lydia — *Sardes;* Tibère, Drusus et Germanicus.
Thyatira; Fulvia Plautiana (unique).
Galatia — *Amorium;* Géta.
Cappadocia — *Caesarea;* Domitien et Vespasien.
d° Hadrien.
d° Sév. Alexandre.
Syria — *Antiochia* Vespasien.
Pot. *d°* Caracalla.
Æ. *d°* Caracalla.
Pot. *d°* Macrin.
Æ. *d°* Sév. Alexandre.
Pot. *d°* Philippe II.
Æ. *d°* Trébonien, 2 ex^s.
Laodicaea; Philippe II.
Coelesyria — *Damascus;* Otacilia.
Phoenicia — *Byblus;* Diaduménien.
Tripolis; Élagabale.
Tyrus; Valérien.
Æ. Mesopotamia — *Edessa*, Mannus et Lucille.
Æ. *d°* Abgare et Commode.
d° Sév. Alexandre.
Nisibi; Élagabale.
d° Julie Mamée.

Rhesaïna; Hér. Étruscus.
Singara; Gordien III et Tranquilline.
Aegyptus — *Alexandria*; M. Aurèle.
Pot. *d°* Étruscille.
Æ. Nomes d'Égypte: *Alexanaria.*
Lybia.
Mendesius.
Ombites.
Incertain.
Æ. Mauretania. Juba I.
AR. Juba II.
AR Ptolemée.

Toutes ces médailles que j'appelle *inédites*, ont été publiées pour la première fois dans mon Iconographie.

NOMES D'ÉGYPTE.

Avec la tête d'Hadrien. Alexandria — Arsinoïtes — Coptites — Diospolis Magna — Hermopolites — Lybia — Mendesius — Metelites — Ombites — Oxyrynchites — Pelusium — Phtheneotes-Prosopites-Sebennytes — et un nome incertain.

Avec la tête d'Antonin le Pieux: Menelaïtes — Sethroïtes.

MÉDAILLONS

Avec l'indication de leur diamètre, en centimètres et millimètres.

Or: Constantin le Grand, 4c. — Constantin le Grand 2c. 9m. *Inédit* — Constance II, 2c. 8m. — Constance II, 2c. 5m.

Argent: Marc-Antoine, 2c. 6m. — 2c. 8m. — Auguste, 2c. 6m. — 2c. 5m — 2c. 5m. — 2c. 7m — 2c. 8m. — 2c. 8m. — Caligula 2c. 5m. *Inédit* — Claude et Agrippine, 2c. 6m. *Inédit* — Agrippine, junior, 2c. 2m. *Inédit* — Néron et Claude, 2c. 7m. *Inédit* — Julie, fille de Titus, 2c. 8m. — Domitien, 2c. 7m. — Domitia, 2c. 6m. — Nerva, 2c. 7m. — Hadrien, 2c. 9m. — Gordien III, le Pieux, 3c. 6m. — Valérien, 3c. 5m. — Gallien, 3c. 7m. *Inédit* — 3c. 5m. — Salonine, 2c. 9m — Magnence, 3c. 9m.

Argent, frappés à Césarée (Cappadoce) : Tibère 2c. — Domitien, 2c. — 2c. — Nerva, 2c. 2m. — 2c. 2m. — Trajan, 2c. — 2c. 2m. — 2c. 1m. — 2c. — 2c. 2m. — 2c. — Hadrien, 2c. 2m. — 2c. 1m. — 2c. 2m. — 2c. 1m — 2c. — Antonin le Pieux, 2c. — Marc-Aurèle, 2c. 2m. — Lucius Vérus, 2c. — 2c. 1m. — Gordien III, le Pieux, 3c. *Inédit* — 2c. 5m.

Argent, frappés à Antioche (Syrie) : Auguste, 2c. 6m. — Néron, 2c. 5m. — 2c. 7m. — Vespasien, 2c. 8m. — 2c. 8m. — 2c. 7m. — 2c. 5m. — Trajan, 2c. 5m. — 2c. 9m. — 2c. 7m. — 2c 6m.

Argent, frappés à Alexandrie (Égypte) : Antonia, 2c. 5m. — Tibère et Auguste, 2c. 6m.

Bronze : Trajan, 4c. 4m. — Hadrien, 4c. 7m. — 4c. — 4c. 1m. — 3c. 5m. — Antonin le Pieux, 3c. 8m. — 3c. 8m. — 4c. *Inédit* — Marc-Aurèle, 4c. — 4c. 1m. — 4c. — 3c. 8m. — 3c. 5m. — Lucille, 3c. 8m. — Commode, 4c. — 4c. — 4c. — 4c. — 3c. 8m. — 4c. — 3c. 8m. — Sév. Alexandre, 3c. 5m. — **Sév.** Alexandre et Mamée, 4c. — Gordien III, le Pieux, 3c. 9m. (formé de deux métaux, bronze ordinaire, bordé d'un cercle de cuivre jaune) — Trajan Dèce, 3c. 2m. — Étruscille, 3c. 5m. — Gallien, 3c. 1m. — Aurélien et Sévérine, 3c. 3m. — Tacite, 3c. 5m. — 3c. 6m — Carus, 3c. — Dioclétien 3c. 2m. — Maximien Hercule, 3c. 5m. — 3c. 2m. — Constantin le Grand, 3c. 8m. — 3c. 7m. — 3c. — 3c. 3m. — 3c. 1m. — Constans, 3c. 2m. — Constance II, 3c. 5m — 3c. 7m — 3c. 5m. — 3c. 1m — 3c. 2m. — Magnence, 3c. 5m. — 3e. 3m. — Décence, 3c. 5m. — Julien II, 2c. 9m. — 3c. — Jovien, 2c. 8m. — Valens, 2c. 6m.

Médaillons de bronze, frappés dans les provinces : Caracalla, à Perinthus (Thace) 4c. *Inédit* — do — à Perinthus (Thrace), 3c. 3m. — Sév. Alexandre, à Byzantium (Thrace), 3c. 5m. — Gallien, à Perinthus (Thrace), 3c. 3m. — *Inédit* — Gordien III le Pieux, à Ephèse (Ionie), 3c. 7m. — Gallien, à Perga (Pamphylie). $3^{c.}$ — Valérien, à Seleucia ad Calycadnum (Cilicie) $3^{c.}$ $3^{m.}$

MÉDAILLONS CONTORNIATES.

Néron: $3^{c.}$ $8^{m.}$ — $3^{c.}$ $8^{m.}$ — $3^{c.}$ $7^{m.}$ — $3^{c.}$ $6^{m.}$ — $3^{c.}$ $8^{m.}$ — $3^{c.}$ $9^{m.}$ — $3^{c.}$ $6^{m.}$ — $3^{c.}$ $6^{m.}$ — $3^{c.}$ $8^{m.}$ — Trajan: $3^{c.}$ $8^{m.}$ — $3^{c.}$ $8^{m.}$ — $3^{c.}$ $8^{m.}$ — $3^{c.}$ $5^{m.}$ — Commode: $4^{c.}$ — $3^{c.}$ $8^{m.}$ — $4^{c.}$ — Caracalla: $3^{c.}$ $5^{m.}$ — $3^{c.}$ $8^{m.}$

—

Pour le dessin et la description des exemplaires les plus importants, nous indiquons dans ce catalogue, leur correspondance au planches de notre Iconographie. Les métaux sont désignés par les initiales AV (or), AR (argent), Æ (bronze ou cuivre), Pot. (potin), Bil. (billon), Pl. (plomb). Les chiffres placés à droite de ces signes déterminent le module: ainsi le chiffre 1 représente le grand bronze; 2, le moyen; 3, le petit, etc.

IMPÉRIALES GRECQUES.

GALLIA.

Nemausus.

AVGVSTVS et AGRIPPA.

1. et 2. Æ[2] ℞ COL. NEM. Crocodile enchaîné à un palmier. – Deux exemplaires différents. (Iconogr. Pl. v. fig. 12.)

Vienna.

AVGVSTVS.

3. Æ[1] IMP. CAESAR. DIVI. F. DIVI. IVLI. Têtes nues et adossées de J. César et d'Auguste. ℞ C. I. V. Proue de vaisseau. (v. 18.)

SICILIA.

Panormus.

AVGVSTVS.

4. Æ[3] ℞ Tête voilée de femme. (v. 14.)

DACIA.

PHILIPPVS senior.

5. Æ[2] ℞ PROVINCIA. DACIA. AN. III. Femme debout, à g., coiffée du bonnet phrygien, tenant un *vexillum* dans la m. g. et dans la dr. un glaive recourbé et un *vexillum*. A ses pieds, un lion et un aigle. (LXIX. 38.)

MOESIA SUPERIOR.

Pincum.

HADRIANVS.

6. Æ[4] ℞ AELIANA. PINCENS. Dans une couronne. (XXXII. 14.)

Viminiacum.

GORDIANVS III, PIVS.

7. 8. 9. Æ[2.3] Trois exempl[s] . différents. (LXVII. 27, 28 et 29.)

PHILIPPVS senior.

10. 11. Æ[1] Deux exempl[s] . différents. (LXX. 2. 3.)

HOSTILIANVS.

12. Æ[2] ℞ P M. S. COL. VIM. AN. XII. Femme debout, à g. entre un lion et un taureau. *Variété inédite.* (LXX. 20.)

TREBONIANVS GALLVS.

13. 14. 15. Æ[2] Trois exempl[s] différents. (LXXIII. 5. 6.)

—

THRACIA.

Byzantium.

SEVERVS ALEXANDER.

16. Æ M. ℞ BYZANTIΩN. L'Empereur à cheval, suivi d'un soldat et accompagné d'un lion. (LXIII. 17.) *Médaillon.*

Cardia.

SEPT. SEVERVS.

17. Æ[2] ℞ KAPΔIA. en deux lignes, sur un grain d'orge, le tout dans une couronne. (Pl. Suppl[re]. X. 1.)

On ne connaissait jusqu'ici que des médailles autonomes de cette ville.

Deultum.

TRANQVILLINA, F^me de Gordien III.

18. Æ3 ℞ COL. FL. PAC. et en bas, DEVLT. La Louve allaitant Rémus et Romulus. (LXVIII. 3.)

PHILIPPVS senior.

19. Æ3 ℞ COL. FL. PAC. DEVLT. Esculape debout, à g la m dr. sur son bâton, autour duquel un serpent est enroulé. (LXIX. 39.)

Pautalia.

CARACALLA.

20. Æ4 ℞ ΟΥΛΠΙΑC ΠΑΥΤΑΛΙΑ. Femme voilée et vêtue de la *stola*, debout, à g. (LVIII. 11.)

GETA.

21. Æ3 ℞ ΟΥΛΠΙΑC ΠΑΥΤΑΛΙΑC. Esculape debout, à g. appuyé sur son bâton, autour duquel un serpent est enroulé. (LIX. 27.)

Perinthus.

CARACALLA.

22. Æ.M. ℞ ΠΕΡΙΝΘΙΩΝ ΝΕΩΚΟΡΩΝ. L'Empereur lauré, debout, dans un quadrige allant à g., tenant une patère de la m. dr. et de la m. g. un sceptre surmonté de l'aigle romaine. *G^d. médaillon inédit.* (LVIII. 12.)

23. Æ.M. ℞ ΠΕΡΙΝΘΙΩΝ ΝΕΩΚΟΡΩΝ. Sérapis debout, à g., tenant deux cestes de la m. dr. et la haste de la m. g. A ses pieds, un autel allumé. *G^d médaillon.*

TRANQVILLINA.

24. Æ3 ℞ ΠΕΡΙΝΘΙΩΝ ΔΙC ΝΕΩΚΟΡΩΝ. Femme

debout, à g., sacrifiant devant un autel, et tenant une corne d'abondance dans la m. g. (LXVIII. 4.)

GALLIENVS.

25. Æ.M. ℞ ΠΕΡΙΝΘΙΩΝ ΔΙϹ ΝΕΩΚΟΡΩΝ. Hercule debout, à g., la massue élevée et terrassant Cerbère. *Médaillon inédit.* (LXXVI. 39.)

Philippopolis.

DOMITIANVS.

26. Æ² ℞ ΦΙΛΙΠΠΟΠΟΛΕΙΤΩΝ. Mars debout, à g. (XX. 24.)

COMMODVS.

27. Æ³ ℞ ΦΙΛΙΠΠΟΠΟΛΕΙΤΩΝ. *Diota* occupant tout le champ.

CRISPINA.

28. Æ³ ℞ ΦΙΛΙΠΠΟΠΟΛΕΙΤΩΝ. Cavalier galopant à dr. *Inédite.* (LI. 23.)

SEPT. SEVERVS.

29. Æ¹ ℞ ΜΗΤΡΟ. ΦΙΛΙΠΠΟΠΟΛΕΙΤΩΝ. Aigle de face, la tête à dr. et tenant une couronne dans le bec. *Inédite.* (LIV. 10.)

Serdica.

M. AVRELIVS ET VERVS.

38. Æ² ℞ ϹΕΡΔΩΝ. Tête de Sérapis, à dr. surmontée du *modius.* (XLVI. 25.)

—

MACEDONIA.

M. AVRELIVS.

31. Æ² ℞ ΚΟΙΝωΝ. ΜΑΚΕΔΟΝωΝ. Foudre. (S. VIII. 26.)

Amphipolis.

ANTONINVS PIVS.

32. Æ² ℟ ΑΜΦΙΠΟΛΕΙΤΩΝ. Femme tourrelée, assise à g. et tenant une patère dans la m. dr. (XXXVIII. 9.)

SEVERVS ALEXANDER.

33. Æ² ℟ ΑΜΦΙΠΟΛΕΙΤΩΝ. Femme assise, à g. et tenant une patère dans la m. dr. En bas, un poisson. (LXXIII. 15.)

GALLIENVS.

34. Æ² ℟ ΑΜΦΙΠΟΛΕΙΤΩΝ. Femme tourrelée, assise à g. tenant une divinité dans la m. dr. En bas, un poisson. (LXXVI. 32.)

Philippi.

AVGVSTVS.

35. Æ³ ℟ COHOR. PRAE. et en bas, PHIL. Trois enseignes militaires. (V. 16.)

CLAVDIVS.

36. Æ² ℟ COL. AVG. IVL. PHILIP. L'Empereur debout sur une estrade, et couronné par le *Génie* de la ville. De chaque côté, un autel. (IX. 10.)

Stobi.

SEPT. SEVERVS.

37. Æ² ℟ MVNICIPI. STOBENS. Victoire, marchant à dr. (LIV. 11.)

JVLIA DOMNA.

38. Æ² ℟ MVNIC. STOBEN. Victoire marchant à g.

ELAGABALVS.

39. Æ² ℟ MVNICI. STOB.... Victoire marchant à g. (LXI. 12.)

Thessalonica.

M. ANTONIVS ET OCTAVIA.

40. Æ[1] ΘΕΣΣΑΛΟΝΙΚΕΩΝ ΕΛΕΥΘΕΡΙΑΣ. Tête d'Octavie; derrière, Ε.
℞ Μ. ΑΝΤ. ΑΥΤ Γ. ΚΑΙ. ΑΥΤ. Victoire marchant à dr. (S. I. 14)

NERO.

41. Æ[2] ℞ ΘΕΣΣΑΛΟΝΙΚΕΩΝ et au-dessus, un aigle; le tout dans une couronne de chêne. (XII. 17.)

CARACALLA.

42. Æ[2] ℞ ΘΕΣΣΑΛΟΝΙΚΕΩΝ. Victoire marchant à g. (LVIII. 13.)

SEVERVS ALEXANDER.

43. Æ[2] ℞ ΘΕCCΑΛΟΝΙΚΕΩΝ. Victoire marchant à g. et portant un *Cabire* sur la m. dr. (LXIII. 36.)

GALLIENVS.

44. Æ[2] ℞ ΚΟΙΝΟΝ. ΘΕCCΑΛΟΝ. Pallas debout, à dr. armée du bouclier et lançant le javelot. *Inédite.* (LXXVII. 5.)

—

EPIRVS.

Nicopolis.

COMMODVS.

45. Æ[2] ℞ ΝΕΙΚΟΠΟΛΕΩC. Victoire passant et tournée à g. *Inédite.* (LI. 5.)

CARACALLA.

46. Æ[3] ℞ ΝΕΙΚΟΠΟΛΕωC. L'Empereur à cheval, en pacificateur, et allant à dr. (LVIII. 7.)

—

CORCYRA, insula.

SEPT. SEVERVS.

47. Æ² ℞ ΚΟΡΚΥΡΑΙΩΝ. Galère à la voile. (S. x. 2.)

IVLIA DOMNA.

48. Æ² ℞ ΚΟΡΚΥΡΑΙΩΝ. Pégase galopant à dr. (LV. 35.)

CARACALLA.

49. Æ² ℞ ΚΟΡΚΥΡΑΙΩΝ. Pégase galopant à dr. (LVII. 29.)

GETA.

50. Æ² ℞ ΚΟΡ. Jupiter assis à g. (LIX. 21.)

ELAGABALVS.

51. Æ² ℞ ΚΟΡΚΥΡΑΙΩΝ. Galère à la voile. (LXI. 8.)

—

ATTICA.

Megara.

SEPT SEVERVS.

52. Æ² ℞ ΜΕΓΑΡΕΩΝ. Cérès debout, à dr. tenant un flambeau. Devant elle, une grande torche allumée. *Inédite.* (LIV. 7.)

—

ACHAIA.

Corinthus.

AVGVSTVS.

53. 54. 55. Æ² Trois exempl^s. revers différents, ainsi que les têtes de l'avers. (V. 15.—S, II. 3.)

AGRIPPINA.

56. 57. Æ² Deux exempl^s. différents (IX. 22.)

NERO.

58. 59. Æ^3 Deux exempl^s différents. (XII. 15, 16.)

GALBA.

60. 61. Æ^3 Deux exempl^s revers différents. (XIV. 1—5 — IV. 16.)

HADRIANVS.

62. 63. Æ^2 Deux exempl^s revers différents. (XXXII. 12, 13.)

ANTONINVS PIVS.

64. Æ^3 C. L. I. COR. Mélicerte sur un dauphin. (XXXVIII. 15.)

M. AVRELIVS.

65. Æ^3 C. L. I. COR. Mélicerte couché sur un dauphin, au pied d'un arbre. (XLV. 5.)

L. VERVS.

66. 67. Æ^3 Deux exempl^s. différents.

COMMODVS.

68. Æ^3 ℞ C. L. I. COR. Neptune assis, à g. (LI. 3.)

SEPT. SEVERVS.

69. Æ^2 ℞ C. L. I. COR. Neptune debout, à g. devant un autel. (LIV. 1.)

IVLIA DOMNA.

70. Æ^2 ℞ C. L. I. COR. Diane chasseresse, assise à dr. et tenant un cerf. *Inédite.* (LV. 36.)

SEPT. SEVERVS ET CARACALLA.

71. Æ^3 Têtes laurées et affrontées de Sept. Sévère et de Caracalla.
℞. Neptune debout à g. le pied dr. sur une proue de vaisseau, tient un dauphin sur la main dr. et le trident dans

l'autre main. Dans le champ, E. FD. *Inédite*. (LIV. 22.)

GETA.

72. Æ² ℞ C. L. I. Mélicerte sur un dauphin, tourné à dr. *Inédite*. (LIX. 22.)

—

Patrae.

AVGVSTVS.

73 à 76. Æ¹.³ Quatre exempl^s. différents. (S. II 5. 6. 7.)

CLAVDIVS.

77. 78. Æ² Deux exempl^s. différents.

GALBA.

79. Æ² ℞ COL. A. A. PATR. XXII. Aigle légionnaire entre deux enseignes. (XIV. 2.)

DOMITIANVS.

80. Æ³ ℞. Comme le № 92. (S. VI. 20.)

M. AVRELIVS.

81. Æ³ ℞ COL. A. A. PATR. Esculape debout, à g. tenant un bâton autour duquel un serpent est enroulé. (XLV. 9.)

COMMODVS.

82. Æ² ℞ COL. A. A. PATR. Aigle légionnaire entre deux enseignes. (LI. 6.)

CARACALLA.

83. 84. 85. Æ².³ Trois exempl^s. différents. (LVIII. 8. 9. 10.)

—

Sicyon.

IVLIA DOMNA.

86. Æ² ℞ CIKY..IωN. Victoire marchant de g. à dr., la tête tournée en arrière. (S. X. 4.)

LACONIA.

Gythium.

GETA.

87. Æ³ ℞ ΓΥΘΕΑΤΩΝ. Apollon nu, debout à dr., la main dr. sur la tête et le coude appuyé sur un tronc d'arbre. Derrière, sur un cippe, une statuette tenant une flèche et un rameau. *Inédite.* (LIX. 23.)

—

ARCADIA.

Megalopolis.

ELAGABALVS.

88. Æ⁴ ℞ ΜΕΓΑΛΟΠΟΛΕΙΤΩΝ. Entre deux rameaux, un trépied, de l'intérieur duquel s'élève un serpent. *Inédite.* (LXI. 10.)

Siphnus (Insula Cycladum).

ANTONINVS PIVS.

89. Æ⁴ ℞. Couronne de laurier; en haut, Φ. (XXXVIII. 20.)

—

MYSIA.

Adramytium.

IVLIA DOMNA.

90. Æ³ ℞ ΑΔΡΑΜΥΤΗΝΩΝ. Bacchus, en toge, debout à g. tenant le *cantharum* et le thyrse. (LV. 30.)

Assus.

GETA.

91. Æ³ ℞ ΑϹϹΙΩΝ. Femme voilée, vêtue de la *stola* et debout, à g. *Inédite.* (LIX. 19.)

Cyzicvs.

SEPT. SEVERVS.

92. Æ² ℞ ΚΥΞΙΚΗΝΩΝ. ΝΕΟΚΟ. en 4 lignes, dans une couronne de laurier.

MAXIMINVS I.

93. Æ³ ℞ ΚΥΞΙΚΗΝΩΝ ΝΕΟΚΟ. Torche ardente debout, entortillée d'un serpent. *Inédite.* (S. x. 13.)

Germe.

SEPT. SEVERVS.

94. Æ² ℞ ΓΕΡΜΗΝΩΝ. L'Empereur à cheval, allant à dr. Derrière, une aigle romaine. *Inédite.* (LIV. 3.)

Parivm.

AEMILIANVS.

95. Æ³ ℞ C. G. I. H. P. Capricorne, à dr.; globe et corne d'abondance renversée. (LXXIII. 28.)

GALLIENVS.

96. 97. Æ² Deux exempl^s. différents. (LXXXI. 36. 37.)

Pergamvs.

AVGVSTVS.

98. Æ³ ℞ ΠΕΡΓΑΜΗΝΩΝ. Personnage en toge, debout à g., s'appuyant sur la haste, et tenant un arc dans la m. dr. (S. II. 8.)

COMMODVS.

99. Æ⁴ ℞. ΕΠΙ. CTP. ΑΙ. ΠΩΛΙ. ΠΕΡΓ. et dans le champ, ΤΟΒ. Esculape debout et de face. (S. IX. 18.)

Perperenne.

ANTONINVS PIVS.

100. Æ¹ ℞ ΠΕΡΠΕΡΗΝΙΩΝ. Figure debout, tenant

dans la m. dr. une grappe de raisin. (XXXVIII. 18.)

—

TROAS.

Alexandria.

CARACALLA.

101 à 104. Æ3 Quatre exempl^{s}. différents. (LVII. 17. 18.)

GETA.

105. Æ2 ℞ COL. AVG. TROAD. Personnage en toge, debout sur un cippe et tourné à dr. (LIX. 17.)

IVLIA MAESA.

106. Æ2 ℞ COL. ALEXA. AVG. Statue équestre devant la statue d'Apollon, placée sur une base. (LXI. 36.)

SEVERVS ALEXANDER.

107. 108. 109. Æ2 Trois exempl^{s}. différents. (LXIII. 12. 13. 14.)

MAXIMINVS I.

110. Æ2 ℞ COL. AVG. TRO. Cheval paissant, à dr. (LXIV. 39.)

GALLIENVS.

111. 112. 113. Æ3 Trois exempl^{s}. différents. (LXXVI. 30. 31.)

Dardanus.

HADRIANVS.

114. Æ3 ℞ ΔΑΡΔΑΝΩΝ. Aigle debout, la tête tournée à g. *Unique.* (XXXVI. 28.)
On ne connaissait jusqu'ici aucune médaille d'Hadrien, frappée à Dardanus.

Ilivm.

AVGVSTVS.

115. Æ[1] Tête de Pallas, à dr. coiffée d'un casque à aigrette.
℞ ΣΕΒΑ. L'Empereur debout, à g. le *simpulum* dans la m. dr. et la m. g. appuyée sur la hanche Dans le champ, un monogramme, et un astre en contremarque. *Inédite.* (XX. 22.)

SEPT. SEVERVS ET CARACALLA.

116. 117. Æ[1] Deux exempl[s]. différents.
℞ ЄΚΤωΡ. ΙΛΙЄωΝ. Hector en casque, debout, à dr. regardant en arrière, et tenant la haste dans la m. dr. *Inédite.* (LIV. 23.)

GETA.

118. Æ[3] ℞ CΚΑΜΑΝΔΡΟC. ΙΛΙЄΩΝ. Le fleuve Scamandre, assis à g. (LIX. 24.)

—

IONIA.

Clazomene.

IVLIA DOMNA.

119. Æ[2] ℞ ΚΛΑΖΟΜЄΝΙΩΝ. Femme debout, à g. tenant des épis et la haste. (LV. 34.)

Ephesus.

CLAVDIVS.

120. Pot. ΚΛΑΥΔ. ΚΑΙCΑΡΟC. ΓЄΡΜΑΝΙΚΟC. Tête nue de Claude, à dr.
℞ ΔΙΔΡΑΧΜΟΝ. *Capeduncula* et *lituus.* *Inédite.* (S. VI. 13.)

M. AVRELIVS.

121. Æ 5 ℞ ΕΦΕϹΙΩΝ. Β. ΝΕΩ. Cerf debout et tourné à dr. *Inédite*. (XLV. 7.)

IVLIA DOMNA.

122. Æ 1 ℞ ΚΑΙΤΗϹ. ΑΡΤΕΜΙΔΟϹ. ΕΦΕϹΙΩΝ. ΤΡΙϹ. ΝΕΩΚΟΡΩΝ. Femme tourrelée et vêtue de la *stola*, retenant un bœuf de la m. dr. Devant, le simulacre de Diane d'Éphèse. (LV. 38.)

GORDIANVS III, PIVS.

123. Æ. M. ℞ ΕΦΕϹΙΩΝ. ΠΡΩΤΩΝ. ΑϹΙΑϹ. L'Empereur à cheval, allant à dr. et lançant un javelot. Sous le cheval, un sanglier percé d'un trait. *Médaillon*.

GALLIENVS.

124. Æ 2 ℞ ΕΦΕϹΙΩΝ. Δ. ΝΕΩ. Diane chasseresse, marchant à dr. A ses pieds, un chien. (LXXVI. 34.)

Samos.

COMMODVS.

125. Æ 1 ℞ ϹΑΜΙΩΝ. Junon *Pronuba*, debout, à g. (LI. 7.)

CARACALLA.

126. Æ 2 ℞ ϹΑΜΙΩΝ. La Fortune debout, à g. (S. X. 5.)

PHILIPPVS, filius.

127. Æ 2 ℞ ϹΑΜΙΩΝ. Fleuve à g. appuyé sur son urne, tenant un roseau et une corne d'abondance. (LXXI. 3.)

ETRVSCILLA.

128. Æ 1 ℞ ϹΑΜΙΩΝ. La Fortune debout, à g. (LXXII. 2.)

GALLIENVS.

129. Æ2 ℞ CAMIΩN. Junon *Pronuba*, debout à dr. tenant une patère dans la main g. (LXXVII. 1.)

Smyrna.

AVGVSTVS ET LIVIA.

130. Æ3 ℞ ΖΜΥΡΝΑΙΟΙ. ΣΕΒΑΣΤΩΙ. Têtes accolées d'Auguste et de Livie.
℞ ΛΕΟΝΤΙΣΚΟΣ. Astarté debout, tenant une Victoire et un sceptre. Dans le champ, à dr. un oiseau. (S. II. 16.)

TITVS.

131. Æ3 ℞ Diane chasseresse, à dr. (XVII. 28.)

IVLIA DOMNA.

132. Æ2 ℞ ЄΠΙ. CΤΡΑΤΟΝЄΙ. CΜΥΡΝΑΙΩΝ. La Fortune dans un temple tétrastyle. (LV. 42.)

GALLIENVS.

133. Æ2 ℞ CΜΥΡΝΑΙΩΝ. Γ. ΝЄΩΚ. ЄΠ. C. Μ. ΑΥΡ. CЄΞΤΟΥ. Cybèle tourrelée, assise à g. tenant une patère dans la m. dr. et la main g. appuyée sur le *tympanum*. A ses pieds, un lion. (LXXVII. 2.)

—

CARIA.

Alabanda.

CARACALLA.

134. Æ2 ℞ ΑΛΑΒΑΝΔЄΩΝ. Branche de laurier occupant tout le champ, avec un nœud de bandelettes.

Cos.

AVGVSTVS.

135. 136. Æ$^{3.4}$ ℞ Deux exempl^{s}. différents (v. 2 — S. II. 4.)

Taba.

ANTONINVS PIVS.

137. Æ^{2} ℞ TABHNωN. Figure debout, à g. coiffée du bonnet phrygien, enveloppée d'un ample manteau, et de la main dr. s'appuyant sur la haste. *Inédite.* (XXXVIII. 21.)

—

PAMPHYLIA.

Perga.

GALLIENVS.

138. Æ.M. ℞ ΠΕΡΓΑΙΩΝ. ΝΕΩΚΟΡΩ. Diane chasseresse, debout à dr. Derrière, la Victoire la couronne. *Médaillon.* (LXXVI. 38.)

—

PISIDIA.

Antiochia.

PHILIPPVS I, pater.

139. Æ^{3} ℞ ANTIOCHI. COLON et dans le champ, S. R. Trois aigles romaines; à celle du milieu, flotte un *vexillum.* (LXIX. 33.)

VOLVSIANVS.

140. Æ^{3} ℞ ANTIOCHO. CIO *(sic)* S. C. Aigle légionnaire entre deux enseignes. (LXXIII. 4.)

CLAVDIVS GOTHICVS.

141. Æ[4] ℞ ANTIOCH. CL. S. P. *Vexillum* entre deux enseignes militaires. (LXXX. 1.)

Sagalassvs.

DIADVMENIANVS.

142. Æ[4] ℞ CAΓΑΛΛ .. Personnage debout, à g. tenant une fleur, et appuyé de la main g. sur une colonne. *Inédite.* (LX. 9.)

—

CILICIA.

Plotinopolis.

FAVSTINA junior.

143. Æ[3] ℞ ΠΛΩΤΕΙΝΟΠΟΛΕΙΤΩΝ. Cérès voilée, debout à g., tenant des épis et une torche. (XLVI. 24.)

Seleucia ad Calycadnum.

HADRIANVS ET SABINA.

144. Æ[1] ℞ CΕΛΕΥΚΕΥΝ. ΤΥ. ΠΡ. ΚΑΛΥΤΗCΙΕΡ. ΚΑΙΑC. ΑΥΤ. Pallas, armée de la lance et du bouclier, debout à dr. frappe un Triton. *Inédite.* (XXXII. 18.)

VALERIANVS.

145. Æ.M ℞ CΕΛΕVΚΕVΝ. ΤΩΝ. ΠΡΟC· ΚΑΛΥΚΑΔΝ... Deux têtes affrontées: l'une, de Sérapis ou d'un génie, surmontée du *modius* et tenant une corne d'abondance; l'autre, de femme ou peut-être d'Apollon, et laurée, devant laquelle est une branche de laurier. *Médaillon.* (LXXIV. 24.)

Tarsus.

GALLIENVS.

146. Æ¹. ℞ ΤΑΡϹΟΥ. ΜΗΤΡΟΠΟΛΕΩϹ. Victoire mar-
A
M
chant à g. Dans le champ : ΙΚ et ΓΒ. *Inédite.* (LXXVII. 4.)

Cyprvs, insula.

DRVSVS junior.

147. Æ³. ℞ Jupiter, debout à dr. tenant un sceptre et dans la main dr. un aigle. Derrière, le temple de Vénus *Paphia.* (VII. 8).

—

SYRIA.

Sardes.

TIBERIVS, DRVSVS, ET GERMANICVS.

148. Æ² ΔΡΟΥΣΟΣ. ΚΑΙΣΑΡ. ΑΥΓΟΥΣΤΟΥ. ΥΙΟΣ. Tête nue de Drusus, à dr.
℞ ΤΙΒ. ΓΕΡ. ΚΑΙΣΑΡΕΣ. Têtes affrontées, de Tibère et de Germanicus. *Inédite.* (S. III. 7.)

ANTINOVS.

149. Æ³ ℞ ΣΑΡΔΙΑΝΩΝ. Saturne barbu, debout à dr. et demi-nu, tenant un vase de la m. dr., et de la g. un enfant qui lui tend les bras. (XXXIII. 18.)

Thyatira.

NERO.

150. Ʀ¹ ℞ ΘΥΑΤΕΙΡΗΝΩΝ. Bipenne. (XII. 18.)

FVLVIA PLAVTIANA, fme de Pescennius-Niger.

151. Æ[2] ΦΟΥΛ. ΠΛΑΥΤΙΑΝΑ. CE. Buste de Plautiana, à dr.
℞ ΘΥΑΤΕΙΡΗΝΩΝ. Aigle debout, les ailes éployées et la tête tournée à g. *Unique*. (LII. 3)
Il n'existe pas d'autre médaille authentique avec le nom de cette Impératrice.

—

GALATIA.

Amorium.

GETA.

152. Æ[3] ℞ ΑΜΟΡΙΑΝΩΝ.ΕΠΙ.ΓΑΙΟ et en bas. ΑΡΧ. Dans le champ, Υ. Jupiter-Tonnant, assis à g. *Inédite*. (LIX. 18.)

—

PHRYGIA.

Aezanis,

CLAVDIVS.

153. 154. Æ[3] Deux exempl[s]. différents. (IX. 4.)

Cadi

CLAVDIVS.

155. Æ[3] ℞ ΕΠΙ. ΜΕΛΙΤΩΝΟΣ. ΑΣΚΛΗΠΙΑΔΟΥ, et dans le champ, ΚΑΔΟΗΝΩΝ Jupiter-Aetophore, debout, et tourné à g.

—

CAPPADOCIA

Caesarea.

TIBERIVS.

156. AR ℞ ΘΕΟΥ. ΣΕΒΑΣΤΟΥ ΥΙΟΣ. Le mont Argée, surmonté d'une statue. (VI. 18.)

CLAVDIVS.

157. Æ² ℞ S C. dans une couronne de laurier.

NERO.

158. AR ℞ Victoire assise sur un globe (*Quinaire.*)

VESPASIANVS.

159. AR.M. Petit médaillon. } Trois exempl^s^. types différents. (XVII. 1. 2 3.)
160. AR Module du denier.
161. AR Module du quinaire.

VESPASIANVS ET DOMITIANVS.

162. AR ΑΥΤΟΚΡΑ. ΚΑΙϹΑΡ. ΟΥЄϹΠΑϹΙΑΝΟϹ. ϹЄΒΑϹΤΟϹ. Tête laurée de Vespasien, à dr.
℞ ΔΟΜΙΤΙΑΝΟϹ. ΚΑΙϹΑΡ. ϹЄΒΑϹ. ΥΙ. ЄΤ. Θ. (an 9). Domitien debout, à g. tenant une branche d'olivier dans la m. dr. et de l'autre main relevant sa toge. (XVII 5.)

DOMITIANVS ET VESPASIANVS.

163. Æ¹ ΔΟΜΙΤΙΑΝΟΖ. ΚΑΙ. Tête laurée de Domitien, à dr.
℞ ΑΥΤΟΚ. ΓЄΡ. ΚΑΙ. Tête laurée de Vespasien, à dr. Devant, deux épis; sur le cou, la contremarque ꙍ. *Inédite.*

DOMITIANVS.

164. AR.M. ℞ ЄΤΟ. ΙΓ (an 13). Victoire marchant à dr. *Médaillon.* (XX. 19.)
165. AR.M. ℞ ЄΤΟ ΙΓ. Pallas debout, à dr. tenant la haste et une chouette sur la main dr. *Petit Médaillon.* (XX. 20.)
166. AR Comme la précédente (*Quinaire*). (XX 21.)

NERVA.

167. AR.M. ℞ ΥΠΑΤΟΥ. ΤΕΤΑΡΤΟΥ. Le mont Argée,

surmonté d'un statue. *Petit Médaillon.* (xxi. 21.)

168. AR ℞ ЄΛЄΥΘ... ΔΗΜΟΥ. La Liberté debout à g. (S. vi. 25.)

TRAIANVS.

169 à 174. AR.M. Six exempl[s] avec revers différents: Victoire — Massue — Mont Argée — La Fortune—La Paix ou l'Espérance—Buste tourrelé de femme. *Petits Médaillons.*

175 à 180. AR Six exempl[s]. avec revers différents: Deux mains jointes—Massue—L'Arabie debout—La Paix assise — La Victoire.

181. AR Quinaire au revers de la Massue. (xxv. 20. 21. 22. 23. 24. 25. 26. 28—S. vii. ii.)

182. AR ℞ ΔΗΜΑΡΧ. ЄΞ. ΥΠΑΤΟΣ. Buste de jeune femme, à dr. vêtue de la *stola*, tenant un sceptre et une coupe. (xxvi. 4.)

183. AR Module du denier.

184. AR Module du quinaire.

185. Æ[1] G[d]. Bronze.

(183 à 185) ℞ ΔΗΜΑΓΧ. ЄΞ. ΥΠΑΤ. Γ. Tête barbue de Jupiter Ammon, à dr. (xxvi. 1. 2. 3.)

186. Æ[1] ℞ ΔΗΜΑΡΧ. ЄΞ. ΥΠΑΤ. Β. dans une couronne de laurier. (xxv. 16.)

HADRIANVS.

187 à 191. AR.M. Cinq exempl[s]. avec revers différents: Mont Argée—Massue—La Fortune, etc. *Petits Médaillons.* (xxxii. 1, 2. 3. 4. 11.)

192. 193. AR Deux exempl[s]. différents. (xxxii. 5. 6.)

194 à 200. AR Sept exempl[s]. différents. (module du quinaire) (xxxii. 7. 8. 9. 10—S. viii. 2.)

ANTONINVS PIVS.

201. Æ.M. ℞ ΥΠΑΤΟϹ. Α. ΠΑΤΗΡ. ΠΑΤΡΙΔΟϹ. Massue debout. *Petit Médaillon.* (XXXVIII. 13.)

202. Æ ℞ ΥΠΑΤΟϹ Β. Le mont Argée surmonté d'une figure debout. (XXXVIII. 14.)

M. AVRELIVS.

203. Æ.M. ℞ ΥΠΑΤΟϹ. Γ. Le mont Argée surmonté d'un astre. *Petit Médaillon.* (XLV. 4.)

L. VERVS.

204 et 205. Æ.M. Deux exempl^s. avec revers différents. *Petits Médaillons.* (XLVII. 32. 33.)

COMMODVS.

206 à 210. Æ Cinq exempl^s. avec revers différents. (LI. 1. 2.)

SEPT. SEVERVS.

211 à 214. Æ Quatre exempl^s. avec revers différents. (LIII. 34. 35.)

IVLIA DOMNA.

215 216. 217. Æ Trois exempl^s. avec revers différents. (LV. 32. 33—S. X. II.)

CARACALLA.

218 219. Æ Deux exempl^s. avec revers différents.

GETA.

220. Æ ℞ ΜΗΤΡΟ. ΚΑΙϹΑΡ. ΝΕΩ. ЄΤ. ΙΔ. (an 14). Le mont Argée surmonté d'un astre. (LIX. 20.)

ELAGABALVS.

221. Æ² ℞ ΜΗΤΡΟΠΟ. ΚΑΙϹΑΡΙΑϹ. ЄΤ. Γ. Le mont Argée sur un autel, et surmonté d'un astre. (S. X. 7.)

SEVERVS ALEXANDER.

222. Æ[3] ℞ ΜΗΤΡΟΠΟ. ΚΑΙCΑΡΙ. ΕΤ. Α. Le mont Argée sur un autel et surmonté d'un astre. *Inédite.* (LXIII. 18.)

223. Æ[3] ℞ ΜΗΤΡΟ. ΚΑΙC. ΕΤ. S. Trois épis liés ensemble. (LXIII. 19.)

GORDIANVS III PIVS.

224. Æ.M ℞ ΜΗΤΡΟΠ. ΚΑΙCΑΡΙΑC. Β. ΝΕ. ΕΤΟΥC. Γ. Tête voilée de Tranquilline, à dr., surmontée du mont Argée. *Médaillon inédit.* (LXVII. 15.)

225. Æ.M ℞ ΜΗΤΡΟΠ. ΚΑΙCΑΡΙΑC. En haut, dans le champ, Β. ΝΕ., et en bas, ΕΤΟΥC. Δ. *Médaillon inédit.* (LXVII. 17.)

—

COMMAGENE.

Samosata.

HADRIANVS.

226 Æ[3] ℞ ΦΛΑ. CΑΜΟ. ΜΗΤΡΟ. ΚΟΜ. en quatre lignes, dans une couronne de chêne. (XXXII. 15.)

PHILIPPVS I, pater.

227. 228. Æ[1] Deux exempl[s]. avec revers différents. (LXIX. 40, 41.)

Zeugma.

PHILIPPVS I, pater.

229. 230 Æ[1] Deux exempl[s]. avec revers différents. (LXX. 5, 6.)

—

CYRRHESTICA.

TRAIANVS.

231. Æ² ℞ ΚΥΡΡΗϹΤωΝ. Β. dans une couronne de laurier. (S. VII. 10.)

232. Æ² ℞ ΔΙΟϹ. ΚΑΤΑΙΒΑΤΟΥ. ΚΥΡΡΗϹΤωΝ. Jupiter, à g. assis sur un rocher. Dessous, Α. (XXV. 15.)

Beroea.

TRAIANVS.

233. 234. Æ² ℞ ΒΕΡΟΙΑΙωΝ. dans une couronne de laurier. Deux exempl^s^. avec les dates Β. et Γ. (XXV. 14.)

Hieropolis.

ANTONINVS PIVS.

235. 236. Æ² ℞ ΘΕΑϹ. ϹΥΡΙΑϹ. ΙΕΡΟΠΟ. Dans une couronne de laurier. Deux exempl^s^. avec les dates Α. et Ε. (XXXVIII. 16 — S. VIII. 17.)

COMMODVS.

237. Æ² ℞ ΘΕΑϹ. ϹΥΡΙΑϹ. ΙΕΡΟΠΟ. Α. Dans une couronne de laurier. (LI. 4.)

PHILIPPVS II, filius.

238. Æ¹ ℞ ΘΕΑϹ. ϹΥΡΙΑϹ. ΙϹΡΟΠΟΛΙΤΩΝ. Cybèle assise sur un lion qui marche à dr. (LXX. 47.)

—

SYRIA.

Antiochia.

AVGVSTVS.

239. Æ.M. ℞ ΕΤΟΥΣ. ≃Κ. ΝΙΚΗΣ et dans le champ,

deux monogrammes formés des lettres TAX et ΥΠΑΤ. ΙΒ. Femme voilée et tourrelée, assise sur un rocher et tenant une palme dans la m. dr. A ses pieds, un fleuve nageant. *Médaillon*. (S. II. 1.)

240. Æ 1 ℞ ΑΡΧΙΕ. ΡΑΤΙΚΟΝ. ΑΝΤΙΟΧΕΙΣ. ΗΚ. (an 28) en quatre lignes, dans un double cercle à compartiments. (S. II. 2.)

TIBERIVS.

241. Æ 1 ℞ S. C. dans une couronne de laurier. (VI. 16.)

NERO.

242. 243. AR. M ℞ Aigle sur un foudre, et palme. Deux exempl[s] différents, soit par les dates, soit par le coté vers lequel l'aigle est tourné. *Médaillons*. (XII. 10, 11.)

244. AR 3 ℞ S. C. dans une couronne de laurier. (XII. 12.)

VESPASIANVS.

245. AR. M. ℞ ETOVC. NEOV. IEPOV. et en bas, Δ. Aigle éployé, à g. posé sur une massue, et tenant une couronne dans le bec; devant, une palme. *Médaillon*. (XVI. 30.)

246. 247. AR. M. ℞ ETOVC. NEOV. IEPOV. Comme la précédente, mais avec les dates B et Γ. Deux exempl[s]. de types et modules différents. *Médaillons*. (XVI. 29—S. V. 11.)

248. AR. M. ℞ ETOVC. NEOV. IEPOV. Δ. Aigle éployé, tourné à g. posé sur un cippe, et tenant un caducée dans le bec. *Médaillon*. (S. V. 12.)

249. Æ 2 ℞ S. C. dans une couronne de laurier. (XVI. 31.)

TITVS.

250. Æ³ ℞ ANTIOCHIA. Tête tourrelée, à dr. (XVII. 27.)

DOMITIANVS.

251. Æ³ ℞ S. C. dans une couronne de laurier. (XX. 18.)

TRAIANVS.

252. Æ.M. ℞ ΔΗΜΑΡΧ. ΕΞ. Ι. ΕΥΠΑΤ. Ε. Femme assise. à dr sur un rocher. A ses pieds, l'Oronte. *Médaillon.* (XXV. 13.)

253.254.255. Æ.M. Même légende; trois exempl^s. avec dates et revers différents. *Médaillon.* (XXV. 12—S. VIII. 8. 9.)

HADRIANVS.

256. Æ³ ℞ S. C. B. dans une couronne de laurier. (XXXI. 26.)

ANTONINVS PIVS.

257.258 259. Æ³ Trois exempl^s. différents. (XXXVIII. 10. 11. 12.)

CARACALLA.

260. Pot. ℞ ΔΗΜΑΡΧ. ΕΥΠΑΤΟ. Β. Δ. Ξ. Aigle éployé, tête à g. Entre les jambes, un astre. (LVII. 19.)

261. Pot. ℞ ΔΗΜΑΡΧ. ΕΞ. ΥΠΑΤΟ. Δ. Aigle éployé, à g. tenant au bec une couronne, et posé sur une massue autour de laquelle un serpent est enroulé. *Inédite.* (LVII. 20.)

262. Æ² ℞ ANTIOCHIA. et dans le champ, S. C. Femme assise, à g. sur un rocher. A ses pieds, un fleuve nageant. *Inédite.*

263. Æ³ ℞ S. C. dans une couronne de laurier;

en haut, ΔЄ; en bas, un aigle éployé. (LVII. 21.)

MACRINVS.

264. Pot. ℞ ΔΗΜΑΡΧ. ЄΤ. ΥΠΑΤΟC. Π. Π Aigle éployé. la tête tournée à dr. et tenant une couronne daus le bec. En haut, un astre; entre les cuisses, un croissant. *Inédite.* (LIX. 38.)

ELAGABALVS.

265 à 270. Æ2.3 Cinq exempls. avec revers différents. (LXI. 1. 2. 3. 4. 5.)

SEVERVS ALEXANDER.

271. Æ2 ℞ ΑΝΤΙΟΧЄΩΝ. ΜΗ. ΚΟΛ. Femme tourrelée, assise à g. sur un rocher. A ses pieds, un fleuve; dans le champ, ΔЄ— S. C. *Inédite.* (LXIII. 16.)

PHILIPPVS I, pater.

272. 273. Pot. Deux exempls. différents. (LXIX. 36.)

274. 275. 276. Æ1 Trois exempls. différents. (LXIX. 34. 35.)

PHILIPPVS II, filius.

277. Pot. ℞ ΔΗΜΑΡΧ ЄΖΟΥCΙΑC. ΥΠΑΤΟ. Γ. ΑΝΤΙΟCΗΙΑ. S. C. Aigle tourné à g. (LXX. 36.)

TRAIANVS DECIVS.

278 279. 290. Pot. Trois exempls. différents. (LXXI. 27 28.)

HERENNIVS ETRVSCVS.

292. 293. Pot. Deux exempls. avec revers différents. (LXXII 12. 13.)

TREBONIANVS GALLVS.

294. Pot. ℞ ΔΗΜΑΡΧ. ЄΖΟΥCΙΑC. ΥΠΑΤΟ. Β. S. C. Aigle éployé, la tête tournée à g. et

tenant une couronne dans le bec, en bas, S. *Inédite*. (LXXIII. 1.)

284 Æ[1] ℞ ANTIOXEΩN. MHTPO. KOΛΩN. et en bas, S C. Temple tétrastyle dans lequel une femme tourrelée est assise; un fleuve nage à ses pieds. Au-dessus du temple, un bélier courant à dr., entre les deux lettres Δ et e. (LXXIII. 2.)

285. Æ[2] ℞ GEN. AVGG. NN. Dans le champ, ET. Γ, et au-dessous, ΡΠΗ. Figure vêtue de la toge, debout à g. tenant une patère et une corne d'abondance. *Inédite*. (LXXIII. 3.)

VOLVSIANVS.

286. Æ[1] ℞ ANTIOXEΩN. MHTPO. KOΛΩN, et en bas, S. C. Temple tétrastyle, dans lequel une femme tourrelée est assise; un fleuve nage à ses pieds. Au-dessus du temple et entre les lettres Δ et e, un bélier courant à dr. (LXXIII. 21.)

Emisa.

CARACALLA.

287. Æ[1] ℞ EMICΩN. KOΛΩNI. NKΦ. (an 428). Temple hexastyle, dans lequel on voit une pierre de forme conique. (LVIII. 3.)

Laodicaea.

DOMITIANVS.

288. Æ[1] ℞ IOYΛIEΩN. TΩN. KAI. ΛAOΔIKEΩN. Tête voilée et tourrelée, à dr. Derrière et devant, un monogramme.

TRAIANVS.

289. Æ[2] ℞ IOYΛIEωN. KAI. ΛAOΔIKEωN. Tête voi-

lée et tourrelée de femme, à dr. Devant, M. KO.

ANTONINVS PIVS.

290. Æ² ℞ ΙΟΥΛΙЄωΝ. ΤωΝ. ΚΑΙ. ΛΑΟΔΙΚ. Tête voilée et tourrelée de femme; derrière, ΗΠΡ (an 188) et devant, ΜΟ. (XXXVIII. 17.)

ELAGABALVS.

291. Æ⁸ ℞ ΛΑΥΔΙCEON. Deux lutteurs nus; à l'exergue, Δ Є. (LXI. 9.)

PHILIPPVS II, filius.

292. Æ² ℞ ΛΑΟΔΙΚΕΩΝ. ΝЄΩΚΟΡΩΝ. Femme debout, à g. tenant une corne d'abondance et sacrifiant sur un autel allumé. *Inédite.* (LXXI. 2.)

Selevcia.

TRAIANVS.

293. Æ¹ ℞ CЄΛЄΥΚЄωΝ. ΠΙЄΡΙΑC, et en bas, sur deux lignes, ΣЄΥC. ΚΑCΙΟC. Simulacre de Jupiter-*Casius*, dans un temple tétrastyle, dont le sommet est surmonté d'un aigle. (XXVI. 6.)

Syria.

COMMODVS.

394. Ꭿ ℞ HERCVL. ROMAN. AVGV. en quatre lignes, et massue debout, le tout dans une couronne de laurier. (LI. 9.)

265. Æ² Comme la précédente, plus les lettres S C. (LI. 8.)

GALLIENVS.

296. Æ² GENIVS. P. R. Tête radiée et jeune, surmontée du *modius*.

COELESYRIA

Damascvs.

IVLIA DOMNA.

297. Æ² ℞ ΔΑΜΑϹΚΟΥ. ΜΗΤΡΟΠΟΛΕΟϹ *(sic)*. Tête tourrelée de femme, à g. dans un temple tétrastyle. (LV. 37.)

OTACILIA.

298. Æ¹ ℞ COL. DAMASCO. METRO en légende, et CEBACMIA, écrit en deux lignes dans une couronne civique; en bas, une tête de bélier. *Inédite*. (LXX. 18.)

Héliopolis

CARACALLA.

299. Æ¹ ℞ COL. HEL. Tête voilée et tourrelée de femme, à g. Derrière, une branche de laurier et une corne d'abondance. (LVIII. 4.)

PHILIPPVS I, pater.

300. Æ¹ ℞ COL. IVL. AVG. FEL. HEL. Astarté debout et vêtue de la *stola*, tenant un gouvernail de la m. dr. et une corne d'abondance dans l'autre main. A ses pieds, deux petites figures tenant chacune un *vexillum*. De chaque côté et sur un cippe, une figure tenant une voile enflée par le vent au-dessus de la tête d'Astarté. (LXIX. 37.)

OTACILIA.

301. Æ¹ Comme la précédente. (LXX. 17.)

—

PHOENICE

Berytvs.

IVLIA DOMNA.

302. Æ[2] ℞ COL. IVL. ANT. AVG. BER. Dans un temple tétrastyle, Astarté debout, à dr. tenant un trident de la main g. Devant elle, une colonne surmontée d'une victoire. (LV. 31.)

CARACALLA.

303. 304. 305. Æ[1] Trois exempl[s]. avec des revers différents. (LVII. 22. 23. 24.)

ELAGABALVS.

306. Æ[1] ℞ IVL. COL. AVG. FEL. BER. Dans un temple tétrastyle, Faune debout, à dr. sur une base et portant une outre sur l'épaule. (LXI. 6.)

307. Æ[3] ℞ COL. BER, écrit entre deux aigles romaines, dans une couronne de laurier.

VALERIANVS.

308. Æ[1] ℞ COL. IVL. AVG. FEL. BER. Astarté de face, debout sur une proue de vaisseau, la m. dr. appuyée sur la haste; elle est couronnée par la victoire debout sur un cippe, à sa gauche. (LXXIV. 25.)

Byblvs.

COMMODVS.

309. Æ[2] ℞ ΙЄΡΑC. ΒΥΒΛΟΥ. Dans un temple distyle, Astarté tourrelée et debout, le pied dr. sur une proue, et la haste dans la m. dr.; devant elle et sur une colonne, la victoire la couronne.

CARACALLA.

310. 311. 312. Æ² Trois exempl^s. différents. (LVII. 26.)

DIADVMENIANVS.

313. Æ² ℞ ΙΕΡΑϹ. ΒΥΒΛΟΥ. Dans un temple distyle, Astarté debout, à dr. le pied posé sur une proue de vaisseau et tenant la haste; elle est couronnée par la Victoire, posée sur une colonne devant elle. *Inédite.* (LX. 7.)

ELAGABALVS.

314. Æ² ℞ ΙΕΡΑϹ. ΒΥΒΛΟΥ. Dans un temple tétrastyle, Astarté debout, à g. le pied dr. sur une proue de vaisseau, et tenant *l'acrostolium.* (LXI. 7.)

Sidon.

HADRIANVS.

315. Æ² ℞ ΣΙΔΩΝΟΣ. ΘΕΑΣ. Europe sur un taureau. (XXXII. 16.)

IVLIA MAESA.

316. Æ² ℞ COL. AV. P. MET. SIDON. Figure virile, à g. debout sur une proue de vaisseau, la main dr. levée, regardant en arrière et tenant le *parazonium* dans la m. g. (LXI. 37.)

TRIPOLIS.

317. Æ² ℞ ΤΡΙΠΟΛΙΤΩΝ. Les Dioscures nus et debout, ayant chacun leur haste, et tenant chacun un cheval par le frein. Au-dessus, le buste d'Astarté dans un petit temple distyle. Dans le champ, les lettres ΓΚΦ (an 523.). (S. X. 6.)

Tripolis.

CARACALLA.

318. Æ[3] ℞ ΤΡΙΠΟ. Astarté debout entre les Dioscures, qui tiennent chacun la haste et une grappe de raisin ; la déesse s'appuye de la m. dr. sur une haste terminée en croix, et a le pied dr. posé sur une proue de vaisseau. Devant, une petite Victoire posée sur une conque offre une couronne à la déesse. Dans le champ, la date ΖΚΦ. (an 527.) (LVIII. 14.)

ELAGABALVS.

319. Æ[3] ℞ ΤΡΙΠ Dans un temple distyle, Astarté debout, à g. appuyée sur la haste. A ses pieds, un fleuve. *Inédite.* (LXI. 13.)

Tyrvs.

CARACALLA.

320. Æ[1] ℞ SEP. TYRVS. MET. COLONIA. Colon, à dr., conduisant des bœufs. Dans le champ, un *vexillum*, sur lequel on lit: LEG. III. GAL. (LVIII. 15.)

VALERIANVS.

321. Æ[1] ℞ COL. TYR...... Grand *murex* entre un palmier et un petit *murex*. *Inédite.* (LXXIV. 16.)

—

IVDAEA.

Caesarea.

TIBERIVS ET IVLIA.

322. 323. 324. Æ[4] Trois exempl[s]. avec inscriptions et revers différents. (VII. 3. 4. 5.)

SAMARIA.

Caesarea.

FAVSTINA, senior.

325. Æ[4] ℞ COL. PRIMA. FL. AVG. CAESAREN. Personnage en toge, debout à g., tenant une corne d'abondance et sacrifiant devant un autel. (XLVI. 23.)

—

MESOPOTAMIA.

Carrhae.

CARACALLA.

326. Æ[3] ℞ ANTONIANA. AVR. ALEX. COL. MET. Tête de femme, à dr., voilée et tourrelée. (LVII. 28.)

Reges Edessae.

MANNVS ET LVCILLA.

327. Ꭿ ℞ BACIΛЄVC. MANNOC. ΦΙΛΟΙ ωΜΑ. Femme debout, à g. tenant une patère dans la m. dr. et la haste dans l'autre main. (XLVIII. 15.)

ABGARVS ET COMMODVS.

328. Æ[2] ℞ ΑΒΓΑ... BACIΛЄVC Tête d'Abgare à dr. *Inédite.* (LI. 10.)

ABGARVS, ET SEPT. SEVERVS.

329. Æ[4] ℞ BACIΛЄ. ΑΒΓΑΡΟC. Tête d'Abgare, à dr. (LIV. 12.)

ABGARVS, ET GORDIANVS III, pius.

330. Æ[1] ℞ AVTOK. ΓΟΡΔΙΑΝΟC. ΑΒΓΑΡΟC. BACIΛЄYC. Abgare debout, à g. coiffé de la tiare, tenant de la main g. un sceptre, et de

la dr. offrant une petite Victoire à Gordien, assis sur une estrade, avec un sceptre surmonté d'un aigle. (S. x. 21.)

Edessa.

CARACALLA.

331. Æ[4] ℞ ΕΔΕCCΑ. ΚΟΛΩ. Tête de femme, à g. voilée et tourrelée. (LVIII. 2.)

SEVERVS ALEXANDER.

332. Æ[2] ℞ ΜΗΤ. ΚΟΛ. ΕΔΕCCΗΝΩΝ. Femme tourrelée à g. entre deux autels allumés. Dans le champ, deux astres. *Inédite.* (LXIII. 20.)

Nisibi.

ELAGABALVS.

333. Æ[3] ℞ CΕΠ. ΚΟΛ. ΝΕΙCΙ. Tête de femme, à dr., voilée et tourrelée. Devant, un astre; dessous, un bélier courant. *Inédite.* (LXI. 11.)

SEVERVS ALEXANDER.

334. Æ[2] ℞ .....ΝΕΙCΗΒΙ. ΜΗΤ. Tête de femme, à dr., voilée, tourrelée, et surmontée, d'un bélier courant. Devant et derrière, un astre. (LXIII. 25.)

SEVERVS ALEXANDER ET MAMAEA.

335. Æ[2] Comme la précédente. (LXIII. 31.)

IVLIA MAMAEA.

336. Æ[3] Comme la précédente. (LXIV. 14.)

PHILIPPVS I, pater.

337. 338. Æ[1] Deux exempl[s]. différents. (LXIX. 42. 43.)

Rhesaina.

TRAIANVS DECIVS.

339. Æ² ℞ CЄΠ. ΚΟΛ. ΡΗCΑΙΝΗCΙΩΝ. L. III. P. Colon, à dr. conduisant deux bœufs. Au-dessus, un aigle éployé; en bas, un fleuve nageant. (LXXI. 29.)

HERENNIVS ETRVSCVS.

340. Æ² Comme la précédente. (LXXII. 14.)

Singara.

GORDIANVS III, pius.

341. Æ² ℞ ΑΥΡ. CЄΠ. ΚΟΛ. CΙΝΓΑΡΑ. Buste de femme, à dr., tourrelée et voilée. En haut, un sagittaire courant à dr. Sur l'avers, la tête de Gordien est laurée. (LXVII. 23.)

342. Æ² Comme la précédente; mais sur l'avers, la tête de Gordien est radiée. (LXVII. 24.)

GORDIANVS III ET TRANQVILLINA.

343. 344. 345. Æ¹ Même revers que la précédente. Trois exempl^s. différents. (LXVII. 30. 31.)

—

AEGYPTVS.

Alexandria.

CLEOPATRA.

346. AR Tête diadémée de Cléopâtre, à dr.
℞ ΚΛΕΟΠΑΤΡΑΣ. ΒΑΣΙΛΙΣΣΗΣ. Aigle sur un foudre et tourné à g. Dans le champ, LS (an 6) et ΠΑ. (S. I. 17.)

347. Æ¹ Tête diadémée de Cléopâtre, à dr.
℞ ΚΛΕΟΠΑΤΡΑΣ. ΒΑΣΙΛΙΣΣΗΣ. Aigle sur un foudre, et tourné à g. Derrière, Η; devant, une corne d'abondance. (III. 2.)

ANTONIA, f^me^. de Drusus Senior.

348. Æ.M. ΑΝΤΩΝΙΑ ΣΕΒΑΣΤΗ. Tête d'Antonia, à dr. ℞ ΤΙ. ΚΛΑΥΔΙ. ΚΑΙΣ. ΣΕΒΑ. ΓΕΡΜΑΝΙ. ΑΥΤΟΚ. L. A. Tête laurée de Claude, à dr. *Petit Médaillon*. (S. II. 21.)

TIBERIVS.

349. Æ³ ℞ ΤΙΒΕΡΙΟΥ. Hippopotame marchant à dr. Date fruste. (VI. 14.)

TIBERIVS ET AVGVSTVS.

350. Æ.M. ΤΙΒΕΡΙΟΣ. ΚΑΙΣΑΡ. ΣΕΒΑΣΤΟΣ. L. K. (an 20.) Tête laurée de Tibère, à dr. ℞ ΣΕΒΑΤΟΣ. ΘΕΟΣ. Tête radiée d'Auguste, à g *Médaillon*. (VII. 2)

CLAVDIVS.

351. 352. 353. Æ² Trois exempl^s^. différents, dates L. I— L. IΓ. (IX. 7. 8. 9.)

354. 355. 356. Æ³ Trois exempl^s^. différents, dates L. A— L I.—L. IB. (IX. 5. 6.)

MESSALINA.

357. Pot. ΤΙ. ΚΛΑΥΔΙ. ΚΑΙΣ. ΣΕΒΑ. ΓΕΡΜΑΝΙ. ΑΥΤΟΚ. L. Γ. Tête laurée de Claude, à dr. ℞ ΜΕΣΣΑΛΙΝΑ. ΚΑΙΣ. ΣΕΒΑΣ. Messaline debout, vêtue de la *stola* et voilée, portant sur la main dr. deux petites figures, et tenant des épis dans la gauche, appuyée sur une colonne. Dans le champ, à g., un *lituus*.

AGRIPPINA, junior.

358. Æ² ΑΓΡΙΠΠΙΝΑ. ΣΕΒΑΣΤΗ. Tête d'Agrippine, à dr. ℞ ΕΥΘΗΝΙΑ. L. IA. Buste de l'Abondance, à dr., avec des épis. (IX. 16.)

NERO ET AGRIPPINA.

359. Pot. ΝΕΡ. ΚΛΑΥ. ΚΑΙΣ. ΣΕΒ ΓΕΡ. ΑΥΤΟ. Tête laurée de Néron, à dr.
℞ ΑΓΡΙΠΠΙΝΑ. ΣΕΒΑΣΤΗ. Buste d'Agrippine, à dr.; devant, L. Γ. (IX. 24.)

360. Pot. ΝΕΡΩ. ΚΛΑΥ. ΚΑΙΣ. ΣΕΒ. ΓΕΡ. ΑΥΤΟ. Tête laurée de Néron, à dr.
℞ Comme la précédente; devant, le buste d'Agrippine, L. Δ. (IX. 25.)

NERO.

361 à 380. Pot. Vingt exempl^s. avec dates et revers différents. (XI. 18 à 25—XII. 1 à 9.)

NERO ET TIBERIVS.

381. Pot. ΝΕΡΩ. ΚΛΑΥ. ΚΑΙΣ. ΣΕΒ. ΓΕΡ. ΑΥΤ. Tête radiée de Néron, à g. avec l'ægide sur les épaules. Dans le champ, L. IΓ.
℞ ΤΙΒΕΡΙΟΣ. ΚΑΙΣΑΡ. Tête laurée de Tibère, à dr. (XII. 19.)

POPPAEA.

382. 383. 384. Pot. Trois exempl^s. différents. (XII. 22.)

GALBA.

385. 386. 387. Pot. Trois exempl^s. avec revers différents. (XIII. 23. 24.)

OTHO.

388. 389. 390. Pot. Trois exempl^s. aux revers: de la déesse Rome—de la tête d'Alexandrie—ΚΡΑΤΗΣΙΣ. Ce dernier exemplaire se distingue de celui qui est cité par Mionnet. (VI. p. 17. N° 279.) en ce qu'il a dans le champ, à g. un *simpulum*. (XIV. 6 7—S. V. 1.)

VESPASIANVS.

391. Pot. ℞ ΕΙΡΗΝΑ. La Paix debout, à g. (XVI. 26.)

392. Æ2 ℞ LΔ. Tête d'Isis. (XVI. 27)

393. Æ3 ℞ LΔ. Épervier, à dr. (XVI. 28.)

VESPASIANVS ET TITVS.

394. Æ1 ΑΥΤΟΚ. ΚΑΙΣ. ΣΕΒΑ. ΟΥΕΣΠΑΣΙΑΝΟΥ. L. ΕΝΑΤ. Tête laurée de Vespasien à dr.
℞ ΑΥΤΟΚΡΑΤΟΡΟΣ. ΤΙΤΟΥ. ΚΑΙΣΑΡΟΣ. Tête laurée de Titus, à dr. (XVIII. 2.)

TITVS.

395. Æ2 ℞ L. E. Tête d'Isis, à dr.

DOMITIANVS.

396. Æ1 ℞ ΕΤΟΥΣ. ΔΕΥΤΕΡΟΥ. Tête d'Isis, à dr. (XX. 17.)

NERVA.

397. Pot. L. A Aigle debout, à dr. (S. VI 24.)

TRAIANVS.

398. 399. Pot. Deux exempl[s]. avec revers différents. (XXV. 10. 11.)

400 à 409. Æ1 Dix exempl[s]. dates et revers différents. (XXV. 1. 2. 3. 5. 6. 7. 8. 9. — S. VII. 1. 2. 3. 4.)

410. Æ2 ℞ L. ΔωΔЄΚΑΤ. Femme vêtue de la *stola*, assise et tournée à g. ayant à la m. dr. une fleur, et le coude g. appuyé sur un sphinx. *Inédite*. (S. VII. 5.)

411. Æ3 ℞ L e Aigle, à dr. (XXV. 4.)

HADRIANVS.

412 à 422 Pot. Onze exempl[s]. dates et revers différents.

(xxx. 10. 11. 14. 17. 19. 20. 21. — xxxi. 1. 2. 3. 4.)

423 à 432. Æ 1 Dix exempls. dates et revers différents. (xxx. 8. 12. 15. 16. 22. 23. — S. vii. 18. 19. 23. 24.)

433 à 436, Æ 2 Quatre exempls. dates et revers différents. (xxx. 18. 23. 26. — S. vii. 20.)

437 à 442. Æ 3 Six exempls. dates et revers différents. (xxx. 9. 13. 24. — S. vii. 21. 22.)

ANTONINVS PIVS.

443 à 447. Pot. Cinq exempls. dates et revers différents. (xxxvii. 21. 25. — xxxviii. 1 2. 3.)

448 à 456. Æ 1 Neuf exempls. dates et revers différents. (xxxvii 22. 26 — xxxviii. 4. 5. 6. 8 — S. viii. 13. 14. 15, 16.)

457. Æ 2 ℞ L. IΓ. Victoire, marchant à g. (xxxviii. 7.)

458. 459. Æ 3 Deux exempls. revers différents. (xxxvii. 23. 24.)

M. AVRELIVS ET ANTONINVS PIVS.

460. Æ 1 M. ΑΥΡΗΛΙΟϹ. ΚΑΙϹΑΡ. ΥΙΟϹ. C. Tête nue de M. Aurèle à dr., avec la barbe naissante.

℞ ΑΥΤ. Κ. Τ. ΑΙΛ. ΑΔΡ. ΑΝΤΩΝΙΝΟϹ. ϹЄΒ. Є. Tête laurée d'Antonin le Pieux, à dr. (xxxvii. 20.)

M. AVRELIVS.

461. Æ 1 ℞ L. Ξ. Deux captifs adossés et assis à terre, au pied d'un trophée. (xlv. 3.)

462. Æ 2 ℞ L. IΞ. Femme couchée et tournée à g. tenant trois épis dans la m. dr. et un roseau dans l'autre main. *Inédite.* (S. viii. 25.)

FAVSTINA, junior.

463. Æ[1] ℞ L. ς. Deux canopes en regard; au milieu, un croissant. (XLVI. 21.)

464. Æ[3] L. KB. Ciste avec des épis, entre deux torches. (XLVI. 22.)

L. VERVS.

465. Æ[1] ℞ L. Γ. La Fortune couchée sur le *lectisternium*. (XLVII. 30.)

466 Æ[1] ℞ L. Δ. La Fortune assise, à g. (XLVII. 31.)

COMMODVS.

467.468.469. Æ[3] Trois exempl[s]. dates et revers différents. (L. 27. 28. 29.)

SEVERVS ALEXANDER.

470.471.472. Æ[2. 3] Trois exempl[s]. dates et revers différents. (LXIII. 8. 9. 10.)

GORDIANVS III, PIVS.

473. Pot. ℞ L. Z. Aigle éployé, tête à dr. et tenant une couronne dans ses serres. (LXVII. 15.)

PHILIPPVS I, pater.

474.475.476. Pot. Trois exempl[s]. dates et revers différents. (LXX. 34.)

PHILIPPVS II.

477. Pot. ℞ L. Δ. Femme tourrelée, debout, à g. tenant la haste, et sur la main dr. la tête de Sérapis. (S. X. 24.)

ETRVSCILLA.

478. Pot. ℞ L. A. L'Empereur à cheval, allant vers la droite. *Inédite*. (LXXII. 1.)

HERENNIVS ETRVSCVS.

479. Pot. L. B. L'Empereur debout, en habit militaire, la main dr. levée, et tenant un sceptre de la main g. (LXXII. 11.)

GALLIENVS.

480 à 486. Pot. Sept exempl^s. dates et revers différents. (LXXVI. 24. 25. 26. 27. 28. 29.)

SALONINA.

487 à 489. Pot. Trois exempl^s. dates et revers différents. (LXXVII. 30. 31. 32.)

QVIETVS.

490. Pot. ℞ L. A. Aigle debout, à g. tenant une couronne dans le bec. (LXXIX. 1.)

CLAVDIVS GOTHICVS.

491 à 509. Pot. Dix-neuf exempl^s. dates et revers différents. (LXXIX. 43 à 57.)

AVRELIANVS.

510 à 528. Pot. Dix-neuf exempl^s. dates et revers différents. (LXXX. 40 à 56. — S. XI. 30.)

AVRELIANVS et ATHENODORVS.

529. Pot. A. K. Λ. ΔΟΜ. ΑΥΡΗΛΙΑΝΟC. CEB. Buste lauré d'Aurélien, à dr. avec le *paludamentum*; devant, L. A.
℞ ΑΥΤ. ΟΥΒΑΛΛΑΘΟC. ΑΘΗΝΥ. CEB. Buste lauré de Vabalathe à dr. avec le *paludamentum*; dans le champ, L. Δ. (LXXXI. 10.)

ATHENODORVS.

530. Pot. ΑΥΡΗΛΙΑΝΟC. ΑΘΗΝΟΔΩΡΟC. Têtes affrontées d'Aurélien et d'Athénodore, l'une laurée, l'autre diadémée et laurée; chacune avec le *paludamentum*.

℞ L. A. En deux lignes, dans une couronne de laurier. (LXXXI. 11.)

SEVERINA.

531. Pot. ℞ ΕΤΟΥC. Ζ. L'Espérance debout, à g. (LXXXI. 8.)

DOMITIVS DOMITIANVS.

532. Pot. ΔΟΜΙΤΙΑΝΟC. CEB. Tête laurée de D. Domitien, à dr.

℞ L. B. Victoire tenant une palme et une couronne, et marchant à g. *Inédite.*

TACITVS.

533 à 539. Pot. Sept exempl^s. dates et revers différents. (LXXXI. 28. 29. 30. 31. 32. 33.)

PROBVS.

540 à 579. Pot. Quarante exempl^s. dates et revers différents.

CARVS.

580. Pot. ΑΦΙΕΡΩCIC. Autel allumé, orné d'une guirlande de fleurs.

NVMERIANVS.

581. 582. Pot. Deux exempl^s. différents.

CARINVS.

583 à 586. Pot. Quatre exempl^s. dates et revers différents.

DIOCLETIANVS.

587 à 617. Pot. Trente-un exempl^s. dates et revers différents.

VAL. MAXIMIANVS HERCVLES.

618 à 648. Pot. Trente-un exempl^s. dates et revers différents.

NOMES D'ÉGYPTE.

Alexandria.

HADRIANVS.

649. Æ[4] ℞ ΑΛΕξ. L. ΙΑ. Hippopotame marchant à dr. (XXXI. 5.)

Arsinoites.

HADRIANVS.

650. Æ[3] ℞ ΑΡCΙΝΟΙ. L. ΙΑ. Tête voilée d'Isis, à dr. ornée du *lotus*. (XXXI. 6.)

Coptites.

HADRIANVS.

651. Æ[3] ℞ ΚΟΠΤ. L. ΙΑ. Saturne, debout à g. la tête surmontée d'un disque, tenant un cerf sur la main dr. et dans la g. la *harpa*. (XXXI. 7.)

Diospolis Magna.

HADRIANVS.

652. Æ[4] ℞ ΔΙΟΠ. Μ. L. ΙΑ. Bélier à g. (XXXI. 8.)

Hermopolites.

HADRIANVS.

653. Æ[3] ℞ ΕΡΜΟ. L. ΙΑ. Tête barbue, à dr. ornée du *lotus*. Devant, un ibis. (XXXI. 9.)

Libya.

HADRIANVS.

654. Æ[4] ℞ LIBYN. L. ΙΑ. Bélier à dr. *Inédite*. (XXXI. 10.)

Mendesius.

HADRIANVS.

655. Æ3 ℞ ΜΕΝΔ. L. ΙΑ. Sérapis debout, à g. la tête ornée du *lotus*, tenant un globe dans la main dr. (XXXI. 11.)

656. Æ3 ℞ ΜΕΝΔ. L. ΙΑ. Cerf marchant à dr. *Inédite.* (XXXI. 12.)

657 Æ4 ℞ ΜΕΝΔ. L. ΙΑ. Bouc à cornes recourbées, marchant à dr. (XXXI. 13.)

Menelaites.

HADRIANVS.

658. Æ4 ℞ ΜΕΝΕΛΑΙ. L. ΙΑ. Harpocrate, à g. la partie inférieure du corps, terminée en crocodile, la main dr. sur la bouche, et une corne d'abondance sur le bras g. (XXXI. 14.)

ANTONINVS PIVS.

659. Æ1 ℞ Légende effacée et en bas, L. H. Harpocrate terminé en crocodile, le doigt sur la bouche, la tête ornée d'une mitre, et tenant de la main g. une corne d'abondance. Devant, un autel allumé. (XXXVIII. 22.)

Metelites.

HADRIANVS.

660. Æ4 ℞ ΜΕΤΗΛ. L. ΙΑ. Épervier mitré, tourné à dr. (XXXI. 15.)

Ombites.

HADRIANVS.

661. Æ1 ℞ L. ΙΔ. Crocodile, marchant à dr.;

sur la tête, un globule. *Inédite.* (XXXI. 16.)

Oxyrynchites.

HADRIANVS.

662. Æ4 ℞ ΟΞΥΡ. L. ΙΑ. Pallas, debout à g, tenant une Victoire sur la main dr. et une bipenne sur l'épaule g (XXXI. 17.)

Pelusium.

HADRIANVS.

663. Æ4 ℞ ΠΗΛΟΥ. L. ΙΑ. Bulbe ou oignon de mer. (XXXI. 18.)

Phthcneotes.

HADRIANVS.

664. Æ1 ℞ ΦΘΕΝΕ. L. ΙΑ. Deux éperviers mitrés, face à face. (XXXI. 19.)

Prosopites.

HADRIANVS.

665. Æ3 ℞ ΠΡΟϹΩ. L. ΙΑ. Harpocrate debout, vêtu du *pallium*, la main dr. sur la bouche, et la tête ornée du *lotus*. Il tient dans la main g. une massue surmontée d'un oiseau (XXXI. 20.)

666. Æ4 ℞ ΠΡΟϹΟ. L. ΙΑ. Massue surmontée d'un oiseau. (XXXI. 21.)

Sebennytes.

HADRIANVS.

667. Æ4 ℞ ϹΕΒΕ. L. ΙΑ. Bouc marchant à dr. *Inédite.* (XXXI. 22.)

668. Æ[4] ℞ CEBEK. (*sic*) L. IA. Fruit; peut-être une grappe de raisin. (XXXI. 23.)

Sethroites.

ANTONINVS PIVS.

669. Æ[1] ℞ CEΘPOEITHC, et dans le champ, L. A. Figure militaire, debout, à dr. avec une tête d'épervier mitrée et surmontée d'un disque, tenant la haste dans la main dr. et un épervier mitré sur la main g. (XXXVIII. 23.)

Nome incertain.

HADRIANVS.

670. Æ[1] ℞ L. ΔE. Fleur de lotus. *Inédite.* (S. VII. 25.)

AFRICA.

Reges Numidiae et Mauretaniae.

IVBA I.

671 à 673. AR Trois exempl[s]. différents : ℞ Temple octostyle et inscription punique.

674. 675. Æ[2] Deux exempl[s]. différents : Cheval libre, en grande course, tourné à g.

676. Æ[1] ℞ Cheval au pas, marchant vers la g. Au-dessus, un astre. *Inédite.*

IVBA II.

677. AR ℞ Aigle sur un foudre, avec un sceptre. (S. VI. 2.)

678. AR ℞ R. XXXV. Capricorne, à dr., globe. gouvernail et corne d'abondance (S. I. 1.)

679. Æ ℞ xxxxviii. Tête diadémée, à dr. avec une barbe courte et bouclée, et la chlamyde sur les épaules. (S. i. 3.)

680. Æ ℞ Corne d'abondance et sceptre en sautoir. (S. i. 2.)

681. Æ ℞ vi. Autel orné d'une guirlande, entre deux branches d'olivier, et d'où s'élève un serpent femelle. (S. i. 4.)

682. Æ ℞ c t. t... Enseigne militaire entre deux cornes d'abondance. *Inédite.* (S. i. 5.)

IVBA II et CLEOPATRA.

683. Æ rex. ivba. Tête diadémée de Juba II, à dr.
℞ BACIΛICCA. KΛЄOΠAT... Un astre dans un croissant. (S. vi. 3.)

PTOLEMAEVS.

684. Æ rex. ptolemaevs. Tête diadémée de Ptolémée, à dr.
℞ r. a. v. Tête tourrelée de femme, tournée à dr. *Inédite.* (S. vi. 5.)

685 à 688. Æ Quatre exempl[s]: r. a. i—v—xii—xvi. Palmier. (S. ii. 11—S. vi. 9. 10. 11.)

689. 690. Æ Deux exempl[s]: r. a. x—xv. Capricorne et corne d'abondance. (S. vi. 12. 13.)

691. 692. Æ Deux exempl[s]: r. a. vi — xvi. Corne d'abondance et sceptre en sautoir (S. ii. 14—S. vi. 6.)

693. 694. 695. Æ Trois exempl[s]: r. a. vi — vii — viii. Chaise curule sur laquelle est une couronne radiée et un sceptre posé transversalement. (S. ii. 13—S. vi. 7. 8.)

696 à 701. Æ Six exempl^s. R. A. VI—VIII—VIIII—XII—XIII—XVII. Massue dans une couronne de laurier. (S. II. 12—S. VI. 14. 15. 16. 17.)

702. Æ³ AVGVSTVS. DIVI. F. Tête nue d'Auguste, à dr.

℞ C. LAETILIVS. APALVS. II. V. Q. Au centre du champ, REX. PTOL. en deux lignes, au milieu d'un bandeau royal noué. (V. 19.)

—

MAVRITANIA.

Iol—Caesarea.

TIBERIVS.

703 Æ² TI. CAESAR. AVGVSTVS. Tête nue de Tibère, à g.

℞ Inscription punique. Tête laurée d'Apollon, à dr. avec une longue chevelure et le *pallium*. Devant, une lyre; le tout dans une couronne d'olivier. (VI. 20.)

704. Æ² TI. CAESAR. AVGVSTVS. Tête nue de Tibère, à g. Devant, un aigle éployé, tenant une palme dans son bec; derrière, une branche de laurier.

℞ Comme la précédente. (VI. 19.)

—

ZEVGITANIA.

Vtica.

TIBERIVS.

705. Æ¹ TI. CAESAR. DIVI. AVG. F. AVGVST. IMP. VIII. Tête nue de Tibère, à g.

℞ C. VIBIO. MARSO. PR. COS. II. L. CAECILIVS. PIVS. II. VIC (*sic*). Dans le champ, M. M. I V. Femme voilée, assise à g. tenant une patère dans la main dr. et la haste dans l'autre main. (S. III. 5.)

706. Æ³ TI. CAESAR. IMP. P. P. Tête nue de Tibère, à dr.

℞ L. A. FAVSTVS. D. C. BASSVS. II. V. et dans le champ, P. P. D. D. Femme voilée, assise à dr. tenant une patère dans la main dr. et la haste dans l'autre main. (VI, 21.)

MÉDAILLES ROMAINES.

I. CAESAR.

707. AR CONCORDIA. Buste voilé de la Concorde, à dr. Devant, un croissant,

℞ L. MVSSIDIVS. LONGVS. CLOACIN. Deux figures dans une enceinte. celle de gauche tient le bras g. élevé. (I. 4.)

708. AR Buste radié du Soleil.

℞ L. MVSSIDIVS. LONGVS. CLOAC. Deux figures dans une enceinte; celle de g. porte sur la main gauche une petite Victoire. (I. 5.)

709. AR DICT. PERPETVO. CAESAR. Tête laurée de J. César, à dr.

℞ P. SEPVLLIVS. MACER. Vénus debout, à g. (I. 13.)

710. Æ I. croissant, M. CAESAR. Tête laurée de J. César, à dr.

℞ L. AEMILIVS. BVCA. Vénus debout, à g. (I. 13.)

711 à 716. Æ Six exempl[s]. différents. (I. 6. 7. 9. 10. 4.)

717. 718. Æ3.4 Deux exempl[s]. différents (I. 8.)

719. Plomb. Tête de Jules Cesar entre une branche de laurier et un caducée.

℞ LIVINEIVS. REGVLVS. Taureau cornupète, à dr.

SEXTVS POMPEIVS.

720. AV MAG. PIVS. IMP. ITER. Tête nue de Sextus Pompée dans une couronne de chêne.

℞ PRÆF. CLAS. ET. ORÆ. MARIT. EX. S. C. Têtes nues et affrontées du grand Pompée et de Cneius, son fils. Derrière celle du père, un *lituus;* derrière celle de Cneius, un trépied. (S. I. 6.)

721. Æ NEPTVNI. Tête de Sextus Pompée, à dr. sur un dauphin. Devant, un trident.

℞ Q. NASIDIVS. Galère à la voile et une étoile. (I. 18.)

722. Æ MG. PIVS. IMP. ITER. Tête de Neptune, à dr. Derrière, un trident.

℞ PRAEF. CLAS. ET. ORAE. MARIT. EX. S. C. Trophée naval. (I. 19.)

723. Æ MAG. PIVS. IMP. ITER. Colonne surmontée de la statue de Neptune, sur un vaisseau.

℞ PRÆF. ORÆ. MARIT. ET. CLAS S. C. Le monstre Scylla. (I. 20.)

M. IVNIVS BRVTVS.

724. Æ LIBERTAS. Tête de la Liberté, à dr.

℞ BRVTVS. Consul entre deux licteurs, précédé d'un *accensus* marchant à g. (I. 22.)

C. CASSIVS LONGINVS.

725. AR C. CASSI. IMP. LEIBERTAS. Tête de la Liberté, à dr.

℞ LENTVLVS. SPINT. *Praefericulum* et *lituus*. (I. 29.)

M. AEMILIVS LEPIDVS.

726. AR LEPIDVS. PONT. MAX. III. VIR. R. P. C. Tête nue de Lépide, à dr.

℞ CAES. IMP. III VIR. R. P. C. Tête nue d'Octave, à dr. (II. 1.)

727. 728. AR Deux exempl^s^. LEP. IMP. *Simpulum*, *aspergillum*, hache et *apex*.

℞ M. ANT. IMP. *Lituus*, *praefericulum* et un corbeau. (II. 2.)

MARCVS ANTONIVS.

729. AR.M M. ANTONIVS. IMP. COS. DESIG. ITER. ET TER. Tête laurée de M. Antoine, à dr.; dessous, la lettre P; le tout, dans une couronne de feuilles de lierre ou d'acanthe.

℞ III. VIR. R P. C. Tête de Cléopâtre ou d'Octavie, à dr. sur une ciste, entre deux serpents. *Médaillon*. (S. I. 8.)

730. AR.M M. ANTONINVS. IMP. COS. DESIG. ITER. ET. TER. Têtes accolées de M. Antoine et de Cléopâtre ou d'Octavie, tournées à dr.; le tout dans un cercle de grènetis.

℞ III. VIR. R. P. C. Bacchus, tenant le *cantharum* et la haste, debout, à g.

sur une ciste entre deux serpents. *Médaillon.* (II. 7.)

731. Æ Tête nue et barbue de M Antoine, à dr. Derrière, *le lituus.*

℞ M. ANTONIVS. III. VIR. R. P. C. Tête du Soleil, à dr. (II. 5)

732. Æ ANTO. Tête nue de M. Antoine. Derrière, *le lituus.*

℞ CAESAR. DIC. Tête laurée de J. César, à dr. Derrière, le *praefericulum.* (S. I. 10.)

733. 734. Æ Deux exempl[s]. différents: M. ANTONI. IMP. Tête nue de M. Antoine, à dr.

℞ III. VIR. R. P. C. Buste radié du Soleil dans un temple distyle. (II. 4.)

735. Æ M. ANTO. IMP. R. P. C. Tête nue de M. Antoine, à dr. Derrière, le *lituus.*

℞ CAESAR. DIC. Tête laurée de J. César, à dr. Derrière, le *praefericulum.* (II. 3.)

736. Æ M. ANTONIVS. IMP. III VIR. R. P. C. Tête nue de M. Antoine. à dr. Derrière, le *lituus.*

℞ PIETAS. COS. Femme debout, à dr. tenant une lanterne et une corne d'abondance. (S. I. 12.)

737. 738. Æ Deux exempl[s]. différents: M. ANT. IMP. AVG. III. VIR. R. P. C. M. BARBAT. Q. P. Tête nue de M. Antoine, à dr.

℞ CAESAR. IMP. PONT. III. VIR. R. P. C. Tête nue de Jules César, à dr. (S. I. 9.)

739. 740. 741. Æ Trois quinaires de revers différents. (II. 2. 9. 10.)

742 à 773. Æ Légions, 32 exempl[s]. différents: II—II—

III—III—IIII—IV—V—VI—VI—VII—VIII—VIIII—IX—IX—X—X—XI—XI—XII—XIII—XIIII—XIV—XV—XVI—XVII—XIX—XIX—XX—XX—XXI—XXII—XXIII.

M. ANTONIVS et OCTAVIA.

774. Æ² ...COS. DESIG. ITER. ET. TER. Têtes affrontées de Marc Antoine et d'Octavie.

℞ PRÆF. CLASS. F. C. Galère à la voile; dessous, B. *Inédite.*

M. ANTONIVS et CLEOPATRA.

775. AR CLEOPATRAE. REGINAE. REGVM. FILIORVM. REGVM. Buste diadémé de Cléopatre, à dr.

℞ ANTONI. ARMENIA. DEVICTA. Tête nue de M. Antoine, à dr.; derrière, une tiare. (S. I. 16.)

LVCIVS ANTONIVS.

776. AR M. ANT. IMP. AVG. III. VIR. R. P. C. M. BARBAT. Q. P. Tête nue de M. Antoine, à dr.

℞ CAESAR. IMP. PONT. III. VIR. R. P. C. Tête nue d'Octave, à dr. (III. 3.)

Avgvstvs.

MÉDAILLONS D'ARGENT.

777. AR.M IMP. CAESAR. Tête nue d'Auguste, à dr.

℞ AVGVSTVS. Autel orné, de guirlandes; devant, deux cerfs. *Médaillon.* (S. I. 18.)

778. AR.M IMP. CAESAR. Tête nue d'Auguste, à g.; devant, le *lituus.*

℞ AVGVSTVS. Six epis. *Médaillon.* (S. I. 24.)

779. AR.M IMP. CAESAR. Tête nue d'Auguste, à dr.
℞ AVGVSTVS. Capricorne et corne d'abondance dans une couronne de laurier. *Médaillon.*

780. AR.M IMP. IX. TR. POT. V. Tête nue d'Auguste, à dr.
℞ COM. ASIAE. Temple hexastyle; sur le fronton; ROM. ET. AVGVST. *Médaillon.* (III. 23.)

781. AR.M IMP. IX. TR. PO. V. Tête nue d'Auguste, à dr.
℞ MART. VLTO. Enseigne militaire devant un temple rond. *Médaillon.* (S. I. 30.)

782 AR.M IMP. IX. TR. PO. V. Tête nue d'Auguste, à dr.
℞ S P. R. SIGNIS. RECEPTIS. écrit en trois lignes sous un arc de triomphe, surmonté d'un quadrige. Sur la frise, on lit: IMP. IX TR. POT. V. *Médaillon.* (III. 22.)

783. AR M IMP. CAESAR. DIVI. F. COS. VI. LIBERTATIS. P. R. VINDEX. Tête laurée d'Auguste, à dr.
℞ PAX. Femme debout, à g. tenant un caducée dans la m. dr. Derrière, une ciste mystique d'où s'élève un serpent; le tout dans une couronne de laurier. *Médaillon* (III. 12.)

784. AV ℞ C. L CAESARES. AVGVSTI. F. COS. DESIG. PRINC. IVVENT. Caius et Lucius debout; deux boucliers et les instruments pontificaux. (III. 14.)

785. AV ℞ C. CAES. AVGVS. F. Caius à cheval et trois enseignes militaires. (S. I. 27.)

786 à 821. AR Trente-six exempl^s. revers différents. (III. 5. 6. 7. 9. 10 13. 15. 17. 18. 19. 20. 21. 24—IV. 1. 2. 3. 4. 5. 8. 9. 10. 12. 13. 14. 15 — S. I. 20.)

822 à 835. Æ3 Quatorze exempl^s. revers différents, dont plusieurs avec contremarque. (III 11—IV. 17. 19. 21. 22. 23. 24. 25. 26—V. 1. 2. 3. 4.)

836 à 838. Æ3 Trois exempl^s. revers différents. (IV. 7—V. 6.)

839 à 842. Æ1 Quatre grands bronzes, restitutions de Tibère. (IV. 18—V. 5.)

AVGVSTVS ET IVLIVS CAESAR.

843 à 845. Æ1 Trois exempl^s. différents. (I. 15. 16.)

LIVIA, f^me d'Auguste.

846. Æ1 Deux exempl^s. ℞ S. P. Q. R. IVLIAE. AVGVST. *Carpentum* traîné par deux mules. (S. II. 15.)

AVGVSTVS, CAIVS, LVCIVS ET IVLIA.

847. AR AVGVSTVS. Tête nue d'Auguste, à dr. Derrière, un *lituus*.

℞ C. MARIVS. TRO. III. VIR. Les trois têtes de Caius, de Julie et de Lucius, tournées à dr. Dessus, une couronne. (S. II. 17.)

M. VIPS. AGRIPPA.

848. 849. Æ2 Deux exempl^s. dont l'un avec une contremarque. (V. 23 — S. II. 18.)

DRVSVS, senior.

850 à 853. Æ1 Quatre g^ds bronzes, frappés par Tibère—

revers différents; l'une de ces médailles porte une contremarque. (v. 25. 26.)

ANTONIA, fme de DRVSVS, senior.

854 à 858. Æ2.3 Cinq exempls différents, dont un avec une contremarque. (v. 27.—S. II. 19. 20.)

TIBERIVS.

859. AV ℞ TI. CAESAR AVG. P. M. TR. POT. XV. L'Empereur dans un quadrige, et tenant de la m. g. un sceptre surmonté d'un aigle. (S. II. 25.)

860. AV ℞ IMP. VII. TR. POT. XVI. L'Empereur dans un quadrige, et tenant de la main g. un sceptre surmonté d'un aigle.

861. 862. 863. AR Trois exempls. différents (VI. 4. 5.)

864. à 869. Æ1 Six exempls. revers différents, dont un avec une contremarque. (VI. 2—S. II. 22. 26. 27. 29—30.)

880 à 884. Æ2 Quinze exempls. revers différents, dont quatre avec des contremarques. (VI. 7. 8. 9. 10. 11 — S. II. 23. 24. 28 — S. III. 4.)

885. 886. Æ3 Deux exempls. revers différents. (VI. 12.)

887. Æ3 Spinthrienne. Sujet obscène. ℞ Dans un double cercle, le nombre XII. (VII. 1.)

DRVSVS, junior.

888. 889. Æ2 Deux exempls, revers différents.

GERMANICVS,

890. AR GERMANICVS CAESAR. TIB. AVG. F. Tête nue de Germanicus à dr.

℞ GERMANICVS — ARTAXIAS. Germanicus, en cuirasse, debout, vu de face et la tête tournée à g. s'appuye de la main

g. sur la haste, et de la droite ceint le diadème royal à Artaxias (Zénon, fils de Polémon I. roi du Bosphore). Artaxias, de face, est barbu, et a la tête couverte d'une tiare à deux pointes, à laquelle il porte la main dr. pour retenir le bandeau royal; sa main g. repose sur le pommeau de son épée. *Unique.* (S. vi. 18.) Cet exemplaire, le seul connu, a été gravé et décrit par Mr. le Duc de Luynes dans la Revue Numismatique de Blois. 1838, page 338.

891. 892. AV. AR Deux exempl[s]: C. CAESAR. AVG. GERM. P. M. TR. POT. Tête nue de Caligula, à dr.

℞ GERMANICVS. CAES. P. C. CAES. AVG. GERM. Tête nue de Germanicus, à dr.

893 à 895. Æ[2] Trois exempl[s]. revers différents.

AGRIPPINA, senior.

896. AR AGRIPPINA. MAT. C. CAES. AVG. GERM. Tête d'Agrippine, à dr.

℞ C. CAESAR. AVG. GERM. P. M. TR. POT. Tête nue de Caligula, à dr.

897. AR Même légende Tête d'Agrippine, à dr.

AR ℞ C. CAESAR. AVG. PON. M TR. POT. III. COS. III. Tête laurée de Caligula, à dr.

898. Æ[1] AGRIPPINA. M. F. MAT. C. CAESARIS. AVGVSTI. Buste d'Agrippine, à dr.

℞ S. P. Q R. MEMORIAE. AGRIPPINAE. *Carpentum* traîné par deux mules, allant à g.

899. 900. Æ[3] AGRIPPINA. M. F. GERMANICI. CAESARIS. Buste d'Agrippine, à dr.
℞ TI. CLAVDIVS. CAESAR. AVG. GERM. P. M. TR. P. IMP. P. P. Dans le champ. S. C. Deux exempl[s], dont un avec la contre-marque: N. CAPR.

901. Æ.M. ΓΑΙΟΣ. ΚΑΙΣΑΡ....... ΟΥΣ. ΥΠΑ. Tête nue de Caligula, à dr.
℞ Pas de légende. L'Empereur, à g., assis sur un char triomphal, traîné par quatre éléphants avec leurs cornacs. Caligula, vêtu de la toge, la tête radiée, tient une patère dans la m. dr. et de la g. s'appuye sur la haste. La partie supérieure du champ est parsemée de huit astres. *Médaillon inédit*, frappé peut-être à Antioche. (S. III. 9.)

902 à 906. Æ[1] Cinq exempl[s]. revers différents.

907. Æ[2] ℞ VESTA. S. C. Vesta assise, à g.

CALIGVLA ET AVGVSTVS.

908. AR C. CAESAR. AVG. GERM. P. M. TR. POT. Tête laurée de Caligula, à dr.
℞ DIVVS. AVGVSTVS. PATER. PATRIAE. Tête radiée d'Auguste, à dr.

909. AR C. CAESAR. AVG. GERM. P. M. TR. POT. COS. Tête nue de Caligula, à dr.
℞ Tête radiée d'Auguste, entre deux étoiles.

CLAVDIVS.

910. AV ℞ IMPER. RECEPT Dans l'enceinte du camp prétorien. l'empereur assis à g. et tenant la haste; devant lui. une aigle romaine. (S. III. 18.)

911. Ꜹ ℞ PACI. AVGVSTAE. Victoire ailée, debout à dr. la m. dr. élevée et de la g. tenant un caducée ailé sur la tête d'un serpent dressé qui marche devant elle (S. III 20.)

912. 913. Ꜹ. Æ ℞ CONSTANTIAE. AVGVSTAE. Femme assise, à g. la main dr. élevée. (S. III. 19.)

914. Æ ℞ DE BRITANN. Arc. de triomphe avec des trophées.

915. Æ ℞ Victoire écrivant sur un bouclier. *(Quinaire.)*

916 à 919. Æ[1] Quatre exempl[s]. revers différents.

920 à 929. Æ[2] Dix exempl[s]. revers différents.

930. Æ[3] TI. CLAVDIVS. CAESAR. AVG. *Modius.*
℞ PONT. M. TR. P. IMP. COS. II.

AGRIPPINA, junior.

931. Æ.M. TI. CLAVD. CAESAR AVG. P. M. TR. P. X. IMP..... Tête laurée de Claude, à dr.
℞ AGRIPPINA AVGVSTA CAESARIS. AVG. Tête d'Agrippine à dr. *Médaillon.*

932. Æ.M. NERO. CLAVD. DIVI CLAVD. F. CAESAR. AVG. GERMAN. Tête laurée de Néron, à dr.
℞ AGRIPPINA. AVGVSTA. MATER. AVGVSTI. Tête voilée d'Agrippine, à dr. *Médaillon inédit.* (IX. 19.)

933. Æ TI. C..... GERM. P. M. TRIB. POT.. PP. Tête laurée de Claude, à dr.
℞ AGRIPPINAE. AVGVSTAE. Tête diadémée d'Agrippine, à dr.

934. 935. Ꜹ. Æ Deux exempl[s]: AGRIPP. AVG. DIVI. CLAVD. NERONIS. CAES. MATER. Têtes affrontées d'Agrippine et de Néron.

℞ NERONI. CLAVD. DIVI. F. CAES. AVG. GERM. IMP. TR. P. Couronne de chêne dans laquelle on lit : EX. S. C.

936 Æ NERO. CLAVD. DIVI. F. CAES. AVG. GERM. IMP. TR. P. COS. Têtes accolées d'Agrippine et Néron.

℞ AGRIPP. AVG. DIVI. CLAVD. NERONIS. CAES. MATER. EX. S. C. Une femme et un homme dans un quadrige d'éléphants, allant à g.

NERO.

937. AV ℞ EQUESTER. ORDO. PRINCIPI. IVVENT. En quatre lignes, sur un bouclier rond.

938. AV ℞ AVGVSTVS. GERMANICVS. L'Empereur radié, debout et vu de face, tient dans la main dr. une branche de laurier et dans l'autre main une petite Victoire.

939. AV AVGVSTVS. AVGVSTA. Auguste en toge, debout à g la tête radiée, tenant une patère et s'appuyant sur la haste. Derrière, Livie debout, la tête voilée, et tenant une patère et une double corne d'abondance.

940. AV IVPPITER. CVSTOS. Jupiter, assis à g. tenant la foudre et de la m. g. s'appuyant sur la haste.

941. AV ℞ PACE. P. R. TERRA. MARIQUE. PARTA. IANVM. CLVSIT. Porte du temple de Janus.

942 à 947. Æ Six exempl[s]. revers différents.

948 à 956. Æ. M. Neuf grands *Médaillons* contorniates, revers différents.

957 à 969. Æ¹ Treize exempl^s. revers différents.
970 à 991. Æ² Vingt-deux exempl^s. revers différents.
992 à 1001. Æ³ Dix exempl^s. revers différents.

NERO ET CLAVDIVS.

1002. Æ.M. NERO. CLAVD. DIVI. CLAVD. F. CAESAR. Tête laurée de Néron, à dr. Derrière, une étoile.
℞ IMP. T. CLAVD. AVG. GERMANICVS. *Médaillon inédit.* (XII. 20.)

CLODIVS MACER.

1003. Æ L. CLODI. MACRI. CARTHAGO. S. C. Tête tourrelée de la ville de Carthage, à dr. Derrière, une corne d'abondance.
℞ SICILIA. *Triquetra*, orné d'une tête de Méduse et de trois épis. (S. IV. 11.)

GALBA.

1004. AV ℞ LIBERTAS. RESTITVTA. La Liberté debout, à g.
1005 à 1009. Æ Cinq exempl^s. revers différents.
1010 à 1018. Æ¹ Neuf exempl^s. revers différents.
1019 à 1027. Æ² Neuf exempl^s. revers différents.

OTHO.

1028. AV ℞ PONT. MAX. Femme debout, à g. tenant des épis et une corne d'abondance.
1029. AV ℞ SECVRITAS. P. R. Femme debout, à g. tenant une couronne dans la m. dr. et une corne d'abondance dans la m. g.; derrière, à ses pieds, un bouclier ovale.
1030 à 1032. Æ Trois exempl^s. différents.

VITELLIVS.

1033. AV ℞ L. VITELLIVS. COS. III. CENSOR. L. Vitellius, en toge. assis à g. la main dr. étendue et tenant l'aigle consulaire dans la main g.

1034 à 1042. Æ Neuf exempl[s]. revers différents.

1043. Æ[2] ℞ CONCORDIA. AVGVST. S. C La Concorde assise, à g. devant un autel allumé.

1044. Æ[4] A. VITELLIVS. IMP. GERMAN. Tête laurée de Vitellius, à g.

℞ VICTORIA AVGVSTI. Victoire marchant à g. portant à la main dr. un bouclier rond. *Inédite.*

VESPASIANVS.

1045. AV ℞ AETERNITAS. Femme debout, à g. devant un autel allumé, et tenant sur ses mains la tête du Soleil et celle de la Lune.

1046. AV ℞ FORTVNA. AVGVST. La Fortune à g. avec la corne d'abondance et le gouvernail, debout sur un cippe orné d'une guirlande.

1047. AV ℞ VESTA. Statue de Vesta debout sur un piédestal, au milieu du temple de ce nom ; à dr. et à g du péristyle, une statue debout sur son socle.

1078 à 1088. Æ Quarante-un exempl[s]. revers différents.

1089 à 1099. Æ[1] Onze exempls. revers différents.

1100 à 1119. Æ[2] Vingt exempl[s]. revers différents.

VESPASIANVS, TITVS ET DOMITIANVS.

1120. AV IMP. CAESAR. VESPASIANVS. AVG. TR. P. Tête laurée de Vespasien, à dr.

℞ TITVS. ET. DOMITIAN. CAESARES. PRIN.

IVEN. *(sic)* Titus et Domitien, assis. à g.

1121. Æ IMP. CAESAR. VESPASIANVS. AVG. Tête laurée de Vespasien, à dr.

℞ CAESAR AVG. F. COS. CAESAR. AVG. F. PR. Têtes nues et affrontées de Titus et de Domitien

TITVS.

1122. AV ℞ COS. V. Bœuf marchant, à dr.

1123. AV ℞ IMP. VIII. Taureau cornupète, à dr.

1124 à 1133. Æ Dix exempl^s^. revers différents.

1134. Æ¹ ℞ PAX. AVGVST. S. C. La Paix debout, à g.

1135 à 1143. Æ² Neuf exempl^s^. revers différents.

IVLIA, fille de TITVS.

1144. Æ.M. IVLIA. AVGVSTA. DIVI. TITI. F. Buste de Julie, à dr.

℞ VESTA. Vesta assise, à dr. tenant la haste transversale. et le *palladium* sur la main dr. *Médaillon.*

1145. Æ VENVS. AVGVST.

1146. Æ VENVS. AVG.

} ℞ Vénus debout à g. appuyée sur une colonne, tenant la haste transversale, et un casque sur la main dr.

1147 1148. Æ² Deux exempl^s^. différents.

DOMITIANVS.

1149. AV ℞ CERES. AVGVST. Cérès debout, à g. appuyée sur la haste et tenant des épis dans la m. dr.

1150. AV ℞ GERMANICVS. COS. XV. La Germanie assise, à dr. sur un bouclier.

1151 Æ.M. IMP. CAES DOMITIANVS. AVG. P. M. COS. VII. Aigle légionnaire entre deux enseignes. *Médaillon.*

1152 à 1180. Æ Vingt-neuf exempl[s]. revers différents.

1181 à 1189. Æ[1] Neuf exempl[s]. revers différents.

1190 à 1208. Æ[2] Dix-neuf exempl[s]. revers différents.

1209 à 1213 Æ[3-4] Cinq exempls. revers différents.

DOMITIA.

1214. Æ.M. IMP. CAES. DOMITIAN. AVG. P. M. COS. VIII. Tête laurée de Domitien, à dr.

℞ DOMITIA. AVGVSTA. Buste de Domitia, à dr.

1215. Æ IMP. CAES. DOMITIANVS. AVG. P. M. Tête laurée de Domitien, à dr.

℞ DOMITIA. AVG........ Buste de Domitia, à dr.

1216. Æ DOMITIA AVGVSTA. IMP. DOMIT. Buste de Domitia, à dr.

℞ CONCORDIA. AVGVST. Paon tourné à dr.

NERVA.

1217. AV ℞ CONCORDIA. EXERCITVVM. Deux mains jointes.

1218. Æ.M. IMP. NERVA. CAES. AVG. GERM. P. M. TR. POT. P. P. Tête laurée de Nerva, à dr.

℞ COS. IIII. Six épis liés ensemble. *Médaillon.*

1219 à 1226. Æ Huit exempl[s]. revers différents.

1227 à 1230. Æ[1] Quatre exempl[s]. revers différents.

1231 à 1235. Æ[2] Cinq exempl[s]. revers différents.

1236. 1237. Æ³·⁴ Deux exempl^s^. revers différents.

MÉDAILLES D'AVGVSTE, restituées par NERVA.

1238. Æ¹ IMP. NERVA CAESAR. AVGVSTVS. REST. et au milieu du champ, S. C.

℞ DIVVS. AVGVSTVS. Tête laurée d'Auguste, à dr.

1239 à 1242. Æ² Quatre exempl^s^. revers différents.

TRAIANVS.

1243. AV ℞ PONT. MAX. TR POT. COS. II Figure assise à g. tenant un rameau dans la m. dr. et le coude g. appuyé sur un bouclier germain.

1244. AV ℞ P. M. TR. P. COS. IIII. P. P. Hercule debout sur une base.

1245. AV ℞ FORVM TRAIAN. Bel édifice surmonté de six statues et d'un char triomphal à six chevaux.

1246. AV ℞ S. P. Q. R. OPTIMO. PRINCIPI. Dans une couronne de chêne.

1247 à 1318. AR Soixante-douze exempl^s^. revers différents.

1319. AR ℞ PARTHICO. P. M. TR. P. COS. VI. S. P. Q. R. Buste radié du Soleil, à dr.

1320. Æ.M ℞ Vulcain assis à dr. devant le bouclier d'Achille, qu'il vient de terminer. Devant lui, la statue de Minerve, debout sur un piédestal. Derrière, le *parazonium*. Au milieu du bouclier, autour duquel sont représentés les douze signes du zodiaque, on voit les têtes du Soleil et de la Lune affrontées. *Grand Médaillon*. (XXIV. 32.)

1321 à 1324. Æ.M Quatre *Médaillons* contorniates, revers différents.

1325 à 1340. Æ¹ Seize exempl^s. revers différents.

1341 à 1360. Æ² Vingt exempl^s. revers différents.

1361 à 1367. Æ⁴ Sept exempl^s. revers différents.

PLOTINA, f^me de Trajan.

1368. AV PLOTINAE. AVG. Buste de Plotine, à dr.
℞ DIVO. TRAIANO. PARTH. AVG. PATRI. Buste lauré de Trajan, à dr., avec le *pallium*

1369 AR PLOTINA. AVG... .. Buste de Plotine, à dr.
℞ CAES. AVG. GERMA. DAC. COS. VI. PP. Vesta assise, à dr. tenant la haste transversale, et sur la main droite étendue le *palladium*.

TRAIANVS, pater.

1370. AV DIVVS. PATER. TRAIANVS. Tête nue de Trajan père, à dr.
℞ IMP. TRAIANVS. AVG. GER. DAC. P. M. TR. P. COS. VI. P. P. Buste lauré de Trajan, à dr. avec le *pallium*.

MARCIANA, sœur de Trajan.

1371. AR DIVA. AVGVSTA. MARCIANA. Tête de Marciana, à dr.
℞ CONSECRATIO. Aigle eployé, la tête tournée à dr. et tenant un sceptre.

MATIDIA.

1372. AV MATIDIA AVG. DIVAE. MARCIANAE. F. Buste de Matidia, à dr.
℞ PIETAS. AVGVST. La Piété debout, à g. entre deux enfants, sur la tête desquels elle pose les mains.

HADRIANVS.

1373. Æ.M HADRIANVS. AVG. COS. III. P. P. Tête nue d'Hadrien, à dr.
℞ DIANA. EPHESIA. Temple hexastyle. *Médaillon* surfrappé sur un médaillon de Marc Antoine.

1374 à 1447. Æ Soixante-quatorze exempl[s]. revers différents.

1448. 1449. Æ Deux exempl[s]. différents; module du quinaire.

1450. Æ.M. ℞ P. M. TR. P. COS. II. S. C. Rémus et Romulus allaités par la louve, tournée à g. Très-grand *Médaillon,* entouré de deux cercles en creux.

1451. Æ.M ℞ Personnage barbu, debout, à dr., la m. dr. appuyée sur la haste, le pied g. posé sur un objet peu distinct et le coude g. appuyé sur la cuisse. Devant lui, un personnage en toge debout, à g. la main g. sur la hanche et de la g. touchant un grand arbre placé entre ces deux figures. *Grand Médaillon.*

1452. Æ.M ℞ P. M. TR. P. COS. III. S. C. Pallas debout à g. devant un trépied, la m. g. appuyée sur son bouclier qui repose à terre. *Grand Médaillon.*

1453 Æ.M ℞. VRBS ROMA. AETERNA. S. C. L'Empereur voilé, sacrifiant devant un temple hexastyle, en présence de six figures, parmi lesquelles, à dr. se trouve le victimaire, et le taureau destiné au sacrifice. *Médaillon.*

1454 à 1490. Æ[1] Trente-sept exempl[s]. revers différents.
1491 à 1524. Æ[2] Trente-quatre exempl[s]. revers différents.
1525. Æ[3] ℞ COS. III. S. C. Lyre à cinq cordes. *Inédite.*

SABINA, f[me] d'Hadrien.

1526. AV ℞ CONCORDIA. AVG. La Concorde, assise à dr.
1527 à 1539. AR Treize exempl[s]. revers différents.
1540 à 1542. Æ[1] Trois exempl[s]. revers différents.
1543. 1544. Æ[2] Quatre exempl[s]. différents.

AELIVS, caesar.

1545. AV ℞ PIETAS. TRIB. POT. COS. II. La Piété, voilée, debout à dr. devant un autel allumé. *Variété inédite.*
1546. 1547. AR Deux exempl[s]. différents.
1548. Æ[1] ℞ CONCORD. TR. POT. COS. II. S. C. La Concorde assise, à g
1549 à 1553. Æ[2] Cinq exempl[s]. revers différents.

ANTONINVS PIVS.

1554. AV ℞ AVG. PIVS. P. M. TR. P. COS. DES. II. Femme voilée debout, à dr. devant un autel entouré de guirlandes et allumé.
1555. AV ℞ TEMPORVM. FELICITAS. COS. IIII. Deux cornes d'abondance sur lesquelles sont deux têtes d'enfant.
1556. AV ℞ COS. IIII. L'Équité debout, à g.
1557. AV ℞ TR. POT. XV. COS. IIII. L'Empereur, en toge, debout à g. tenant un globe dans la main dr.
1558 à 1615. AR Cinquante-huit exempl[s]. différents.
1616. Æ.M ℞ AESCVLAPIVS. Serpent s'élançant d'un vaisseau sous un pont. Devant, le Tibre

assis au milieu des eaux; non loin de là, plusieurs édifices près d'un rocher. *Médaillon.*

1617. Æ.M ℞ COS. III. Esculape de face et debout, de sa main gauche relevant les plis de sa toge, et de la main dr. donnant un fruit au serpent enroulé autour de son bâton. *Médaillon.*

1618. Æ.M ANTONINVS. AVG. PIVS. P. P. TR. P. XXII. Tête nue d'Antonin à dr.

℞ DEO. L'Empereur en toge et voilé, debout à g. sacrifie devant un trépied, en présence de quatre personnages parmi lesquels un joueur de flûtes et le victimaire levant la hache pour frapper la victime. *Médaillon inédit.*

1619 à 1657. Æ[1] Trente-neuf exempl[s]. revers différents.

1658 à 1684. Æ[2] Vingt-sept exempl[s]. revers différents

FAVSTINA, senior.

1685. AV DIVA. FAVSTINA. Buste voilé de Faustine, à dr.

℞ ÆTERNITAS. Femme voilée, debout à g. tenant une patère dans la main dr. et un gouvernail dans l'autre main.

1686 à 1716. AR Trente-un exempl[s]. différents.

1717 à 1736. Æ[1] Vingt exempl[s]. différents.

ANTONINVS PIVS ET M. AVRELIVS.

1737. AR ANTONINVS. AVG. PIVS. P. P. TR. P. COS. III. Tête nue d'Antonin, à dr.

℞ AVRELIVS. CAESAR. AVG. PII. F. COS. Tête nue de M. Aurèle, à dr.

1738 à 1740. AR Trois exempl^{s}. semblables au précédent, mais la tête d'Antonin est laurée.

1741. Æ^{1} ℞ AVRELIVS. CAESAR. AVG. PII. F. COS. S. C. Tête nue de Marc Aurèle à dr.

1742. Æ^{2} Comme les deux précédentes.

M. AVRELIVS.

1743. AV AVRELIVS. CAESAR. AVG. PII. F. Tête nue de M. Aurèle, à dr. avec le *pallium*. ℞ TR. POT. III. COS. II. Femme vêtue de la *stola*, debout à dr. portant des fruits sur la main g. et des épis dans la main g.

1744 à 1810. AR Soixante-sept exempl^{s}. revers différents.

1811. Æ.M ℞ IMP. VIIII. COS. II. Dioscure debout à g. tenant la haste et la main dr. posée sur la tête d'un cheval marchant au pas à côté delui. *Grand médaillon.*

1812. Æ.M ℞ ROMA. Rome assise à dr. sur des armes, à côté d'un trophée; la Victoire ailée est debout derrière elle. *Grand Médaillon.*

1813. Æ.M ℞ L'Empereur en toge, nue tête et debout, et un personnage en costume militaire qui lui fait face, se donnent la main et soutiennent une Victoire qui porte un trophée. Derrière l'Empereur, deux soldats. Derrière l'autre personnage, sont aussi deux soldats dont l'un porte un grand bouclier. *Grand Médaillon.*

1814. Æ.M ℞ Hercule terrassant un Centaure; derrière, un arbre, et un loup. *Grand Médaillon.*

1815. Æ.M ℞ Jupiter, à dr. assis sur un taureau et tenant de la main g. une corne d'abondance: à côté de lui, Europe; devant: l'Amour, une figure debout, tenant un long sceptre, et une Néréide assise. *Médaillon.*

1816 à 1861. Æ1 Quarante-six exempls. revers différents.

1862 à 1883. Æ2 Vingt-deux exempls. revers différents.

FAVSTINA, junior.

1884. AV ℞ CONCORDIA. Colombe, à dr.

1885. AV ℞ AVGVSTI. PII. FIL. Femme vêtue de la toge, debout, à g. tenant une flèche dans la main dr. et l'arc dans l'autre main.

1886. AV ℞ SALVTI. AVGVSTAE. Hygiée assise, à g. et nourrissant un serpent qui s'élève d'une ciste.

1887. AV ℞ VENERI. GENETRICI. Vénus debout, à g.

1888 à 1912. AR Vingt-cinq exempls. différents.

1913 à 1932. Æ1 Vingt exempls. différents.

1933 à 1954. Æ2 Vingt-deux exempls. différents.

1955. Æ4 Tête de Faustine, à dr
℞ S. C. Paon tourné à dr.

L. VERVS.

1956. AV ℞ CONCORDIAE. AVGVSTOR. TR. P. COS. II. Marc Aurèle et L. Vérus en toge, se donnant la main.

1957. AV ℞ TR. P. IIII. IMP. II. COS. II. La Victoire debout à dr. devant un bouclier fixé sur un tronc d'arbre.

1958 à 1966. AR Dix exempls revers différents.

1967 à 1972. Æ1 Six exempls. revers différents.

1973. 1974. Æ[2] Deux exempl[s]. différents.

LVCILLA.

1975. AV ℞ PIETAS. La Piété debout, à g. devant un autel allumé.

1976 à 1985. AR Dix exempl[s]. revers différents.

1986. Æ.M ℞ Femme debout, secouant un arbre duquel tombe un enfant. Une autre femme accroupie lave un autre enfant dans l'eau de la mer; près de là, trois génies, l'un sur une estrade, l'autre sur un autel, et le troisième sur le mur d'un jardin dont on aperçoit la cîme des arbres. *Grand Médaillon.*

1987 à 1992. Æ[1] Six exempl[s]. revers différents.

1993. 1994. Deux exempl[s]. différents.

COMMODVS.

1995. AV ℞ TR. P. IIII. IMP. III. COS. II. PP. Guerrier marchant à dr., un trophée sur l'épaule et la lance en avant.

1996. AV ℞ SECVRITAS. PVBLICA. TR. P. VI. IMP. IIII. P. P. Femme assise à dr. tenant la haste dans la main g. et la tête appuyée sur l'autre main.

1997. AV ℞ TR. P. VIII. IMP. VI. COS. IIII. P. P. La Fortune assise à g., tenant une corne d'abondance et un gouvernail.

1998 à 2025. AR Vingt-huit exempl[s]. revers différents.

2026. Æ.M ℞ COS. VII. P. P. L'Empereur en toge sacrifiant devant un trépied; devant lui, une grande figure regardant à g. tenant une corne d'abondance dans la main g. et de la dr. un long caducée; à côté, un victimaire conduisant un taureau. *Grand Médaillon.*

2027. Æ.M ℞ P. M. TR P. XII. IMP. VIII. COS V. P. P. Tête de Janus.

2028. Æ.M ℞ FORT. FELI. P. M. TR P. XIIII. IMP. VIII. COS. V. P P. La Fortune debout, à g. le pied dr. sur une proue, tenant un caducée et deux cornes d'abondance. *Grand Médaillon.*

2029. Æ.M M. AELIVS. AVRELIVS. COMMODVS. AVG. PIVS. FELIX. Tête de Commode, à g. coiffée de la dépouille d'un lion.

℞ HERCVLI ROMANO. AVG. P. M. TR. P. XVIII COS. VII. P. P. Hercule debout, à g. tenant la massue, à côté du lion de Némée. *Grand Médaillon.*

2030. Æ.M ℞ P. M. TR. P. VIIII. IMP. VI. COS. IIII. P. P. Rome Nicéphore, assise, à g. sur un bouclier. *Grand Médaillon.*

2031. Æ.M ℞ VIRTVTI. AVG. TR. P. VIII. IMP. V. COS. IIII. P. P. Rome assise à g. sur une cuirasse et un bouclier ovale sur lequel on voit Rémus et Romulus allaités par la louve. Rome, dont la tête est tournée en arrière, tient la haste dans la m. dr et un sceptre dans l'autre main. Devant elle, un trophée suspendu au haut d'un arbre. *Grand Médaillon.*

2032. Æ.M IMP. IIII. COS. II. P. P. Hygiée debout, à dr. sous un arbre, donne la main à une petite figure debout sur une table. *Grand Médaillon.*

2033 à 2036. Æ.M Quatre *Médaillons* contorniates, revers différents.

2037 à 2058. Æ[1] Vingt-deux exempl[s]. revers différents.

2059 à 2074. Æ[2] Seize exempl[s]. revers différents.

CRISPINA.

2075 à 2081. AR Sept exempl[s]. revers différents.

2082 à 2087. Æ[1] Six exempl[s]. revers différents.

2088 à 2093. Æ[2] Six exempl[s]. différents.

PERTINAX.

2094. AV ℞ LAETITIA. TEMPOR. COS. II. Femme debout, à g tenant une guirlande dans la main dr. et la haste dans l'autre main.

2095. AV PROVID·DEOR. COS. II. La Providence debout, à g. la main dr. tendue en avant.

2096. AR ℞ AEQVIT. AVG. TR. P. COS. II. L'Équité à g.

2097. AR ℞ LAETITIA. TEMPOR. COS. II. Femme debout, à g. tenant une guirlande dans la main dr. et la haste dans l'autre main.

2098. AR ℞ OPI. DIVIN. TR. P. COS II. Femme assise, à g. tenant des épis dans la main dr.

2099. AR ℞ PROVID DEOR. COS. II. Femme debout, à g. les deux mains élevées.

2100. AR ℞ VOT. DECEN. TR. P. COS. II. L'Empereur en toge, sacrifiant devant un trépied.

2101. Æ[1] ℞ VOT. DECEN TR. P. COS. II. S. C. L'Empereur en toge et debout, sacrifiant.

2102. Æ[2] ℞ AEQVIT. AVG. COS. II. S. C. L'Équité debout, à g.

DIDIVS IVLIANVS.

2103. Æ ℞ P. M. TR. P. COS. La Fortune debout à g.

2104. Æ ℞ RECTOR. ORBIS. L'Empereur en toge, debout à g. tenant un globe sur la main dr.

2105. Æ[1] ℞ CONCORD MILIT. S. C. Femme debout, à g. tenant une enseigne militaire dans chaque main.

2106. Æ[1] ℞ P. M. TR. P. COS. S. C. La Fortune debout, à g.

2107. Æ[2] ℞ P. M. TR. P. COS. S. C. La Fortune debout, à g.

MANLIA SCANTILLA.

2108. Æ ℞ IVNO. REGINA. Junon debout, à g. tenant une patère dans la m. dr. et de l'autre main s'appuyant sur la haste. A ses pieds, un paon.

2109 Æ[1] ℞ IVNO. REGINA. S. C. Comme la précédente.

2110. Æ[2] ℞ Comme la précédente.

DIDIA CLARA.

2111. Æ ℞ HILAR. TEMPOR. Femme debout, à g. tenant une palme dans la main dr et une corne d'abondance dans l'autre main.

2112. Æ[1] ℞ HILAR. TEMPOR. S. C. Comme la précédente.

PESCENNIVS NIGER.

2113. Æ ℞ ROMAE. AETERNAE. Rome Nicéphore, assise à g.

2114. Æ VICTORIA. AVG. Victoire marchant à dr.

CL. ALBINVS.

2115 à 2118. Æ Quatre exempl[s]. revers différents.

2119 à 2121. Æ¹ Trois exempl^s^. revers différents.

2122. Æ³ ℞ COS. II. S. C. Esculape debout, à g.

SEPT. SEVERVS.

2123. AV ℞ LIBERALITAS. AVG. VI. La Libéralité debout, à g. tenant un miroir dans la main dr. et une corne d'abondance dans l'autre main.

2124. AR ℞ PACATOR. ORBIS. Tête radiée du Soleil, à dr.

2125 à 2163. AR Trente-neuf exempl^s^. revers différents.

2164 à 2174. Æ¹ Onze exempl^s^. revers différents.

2175. 2176. Æ² Deux exempl^s^. revers différents.

IVLIA DOMNA.

2177. AV ℞ PIETAS. AVGG. Femme voilée debout à g. devant un autel allumé, et tenant *l'acerra* dans la main g.

2178. AR ℞ BONA. SPES. L'Espérance debout, à g.

2179. AR ℞ LVNA. LVCIFERA. Diane dans un bige, galopant à g. (petit module.)

2180. AR ℞ MATER. AVGG. Cybèle dans un quadrige de lions, allant à g.

2181. AR ℞ MATRI. CASTRORVM. Femme assise à g., tenant dans la main dr. un globe surmonté d'un aigle; devant elle, deux enseignes militaires.

2182. AR ℞ VENVS. FELIX. Vénus debout, à g.

2183 à 2201. AR Dix-neuf exempl^s^. revers différents.

2202 à 2205. Æ¹ Quatre exempl^s^. revers différents.

2206 à 2210. Æ² Cinq exempl^s^. revers différents.

SEPT. SEVERVS, CARACALLA ET GETA.

2211. AR SEVERVS. AVGVSTVS. Tête laurée de Septime Sévère, à dr.

℞ AETERNIT. IMPERI. Têtes affrontées de

Caracalla et de Géta; celle de Caracalla est laurée.

IVLIA DOMNA, CARACALLA ET GETA.

2212. AR IVLIA. AVGVSTA. Buste de Julia Domna, à dr.

℞ AETERNIT. IMPERI. Bustes affrontés de Caracalla et de Géta, chacun avec le *paludamentum;* la tête de Caracalla est laurée.

CARACALLA.

2213. AV ℞ P. M. TR. P. V. COS. IIII. P. P. L'Empereur, tenant un sceptre, dans un quadrige allant à g.

2214. AV ℞ VIRTVS. AVGVSTORVM. Septime Sévère et ses deux fils à cheval allant à g.

2215 à 2219. AR *Grand module.* Cinq exempl[s]. revers différents.

2220 à 2249. AR *Module ordinaire.* Trente exempl[s]. revers différents.

2250. Æ.M ALEXANDER MAGNVS. MACEDON. Tête d'Alexandre sous les traits de Caracalla, tournée à dr. et couverte de la dépouille d'un lion.

℞ SOLI. INVICTO. Le Soleil dans un quadrige. *Médaillon contorniate.*

2251. Æ.M ANTONINVS. PIVS AVG. Buste lauré et cuirassé de Caracalla, à dr.

℞ Hercule domptant le taureau crétois. *Médaillon contorniate.*

2252. 2253. Æ[1] Deux exempl[s]. revers différents.

2254 à 2262. Æ[2] Neuf exempl[s]. revers différents.

PLAVTILLA.

2263 à 2267. AR Cinq exempl[s]. revers différents.

2268. Æ² ℞ PIETAS. AVGG. S. C. Femme debout à dr. tenant un enfant sur le bras g. et la haste dans la main dr.

GETA.

2269. AV ℞ FELICITAS. PVBLICA. Femme debout, à g. tenant une corne d'abondance et dans la main dr. un caducée.

2270 à 2283. AR Quatorze exempl^s. revers différents.

2284. Æ¹ ℞ PONTIF. TR. P. II. COS. II. Caracalla et Géta debout, en habit militaire, se donnant la main et couronnés chacun par une figure virile nue. En bas, S. C.

2285 à 2289. Æ² Cinq exempl^s revers différents.

MACRINVS.

2290 à 2294. AR Cinq exempl^s. revers différents.

2295. Æ¹ ℞ IOVI. CONSERVATORI. S. C. Jupiter nu, debout à g. tenant la foudre et la haste.

2296. 2297. Æ² Deux exempl^s. revers différents.

DIADVMENIANVS.

2298 AR ℞ SAECVLI. FELICITAS. Femme vêtue de la *stola*, debout à g. devant un autel allumé, tenant une patère et la haste pure. Dans le champ, à g. un astre.

2299. AR ℞ SPES. PVBLICA. L'Espérance debout, à g.

2300. 2301. Æ² Deux exempl^s. revers différents.

2302. Æ³ ℞ PRINC. IVVENTVTIS. Le prince debout, à g. au milieu de trois enseignes militaires.

ELAGABALVS.

2303. AV ℞ VICTOR. ANTONI. AVG. Victoire marchant, à dr.

2304 à 2308. Æ *Grand module.* Cinq exempl. revers différents.

2309 à 2330. Æ *Module ordinaire.* Vingt-deux exempl. différents.

2331 à 2333. Æ¹ Trois exempl. revers différents.

2334 à 2337. Æ² Quatre exempl. revers différents.

CORNELIA PAVLA, 1re fme d'Élagabale.

2338. Æ ℞ CONCORDIA. AVGG. La Concorde assise, à g.

2339. Æ¹ CONCORDIA. S. C. La Concorde assise, à g. Dans le champ, à g. un astre.

2340. Æ² ℞ CONCORDIA. AETERNA. S. C. Élagabale et Paula debout, se donnant la main; au milieu, la Concorde.

AQVILIA SEVERA, 2de fme d'Élagabale.

2341. Æ ℞ CONCORDIA. Élagabale et Aquilia Sévéra, debout, se donnant la main.

ANNIA FAVSTINA, 3me fme d'Élagabale.

2342. Æ¹ ℞ CONCORDIA. S. C. Élagabale et Faustine debout, se donnant la main. Au milieu, une étoile. (S. x. 8. S. x. 9.)

IVLIA SOAEMIAS, mère d'Élagabale.

2343 à 2346. Æ Quatre exempl. différents.

IVLIA MAESA, aïeule d'Élagabale.

2347 à 2350. Æ *Module ordinaire.* Quatre exempl. revers différents.

2351. Æ *Grand module.* ℞ PIETAS. AVG. La Piété debout à g. devant un autel.

2352. Æ¹ ℞ SAECVLI. FELICITAS. S. C. Femme debout, à g. devant un autel, tenant une patère et le caducée. Devant, un astre.

SEVERVS ALEXANDER.

2353. AV ℞ PROVIDENTIA. AVG. La Providence debout à g. devant un *modius*, tenant des épis dans la main dr. et de la g. s'appuyant sur une ancre.

2354. AV *Quinaire*. ℞ PROVIDENTIA. AVG. La Providence debout, à g. devant un *modius*, tenant des épis dans la main dr. et une corne d'abondance dans l'autre main.

2355 à 2385. AR Trente-un exempl^{s}. revers différents.

2386. Æ.M ℞ MARS. VLTOR. S. C. Mars combattant, marchant à dr. *Médaillon*. (S. x. 10.)

2387 à 2408. Æ^{4} Vingt-deux exempl^{s}. revers différents.

2409 à 2416 Æ^{2} Huit exempl^{s}. revers différents.

SEVERVS ALEXANDER ET MAMAEA.

2417. Æ.M IMP. SEV. ALEXANDER. AVG. IVLIA. MAMAEA. AVG. MATER AVG. Bustes affrontés de Sev. Alexandre et de Julia Mamaea; celui d'Alexandre est lauré et porte le *paludamentum*.

℞ FIDES. MILITVM. L'Empereur debout à dr. et en costume militaire, sacrifiant devant un autel allumé; devant lui, Jupiter Tonnant, debout, ayant l'aigle à ses pieds et derrière, deux enseignes militaires. Derrière l'Empereur, un soldat dont la main g. repose sur un bouclier. *Grand Médaillon*.

2418. Æ^{3} CONCORDIA. AVGVSTORVM. Têtes affrontées d'Alexandre et de sa mère.

℞ PROFECTIO. L'Empereur à cheval, précédé par la Victoire et suivi de plusieurs soldats à pied.

ORBIANA, f^me d'Alexandre.

2419. AR ℞ CONCORDIA. AVGG. La Concorde assise à g.

2420. Æ1 ℞ CONCORDIA. AVGVSTORVM. S. C. La Concorde assise à g.

IVLIA MAMAEA, mère d'Alexandre.

2421 à 2430. AR Dix exempl^s. revers différents.
2431 à 2439. Æ1 Neuf exempl^s. revers différents.
2440. Æ1 ℞ VENERI. FELICI. S. C. Vénus debout, à dr. tenant le *palladium* sur la main g.

MAXIMINVS I.

2441 à 2448. AR Huit exempl^s. revers différents.
2449 à 2464. Æ1 Seize exempl^s. revers différents.
2465. 2466. Æ2 Deux exempl^s. revers différents.

PAVLINA.

2467. AR DIVA. PAVLINA. Tête voilée de Pauline, à dr.
℞ CONSECRATIO. Pauline enlevée au ciel par un paon.

MAXIMVS I.

2468. 2469. AR Deux exempl^s.
2470. 2471. Æ1 Deux exempl^s.
2472. Æ2 Un exemplaire.
} ℞ PIETAS. AVG. Instruments de sacrifice.

GORDIANVS AFRICANVS, pater.

2473. AR ℞ SECVRITAS. AVGG. Femme assise, à g. tenant un sceptre de la m. dr.

2474. AR ℞ ROMAE. AETERNAE. Rome-Nicéphore, assise à g. (S. X. 14.)

2475. AR ℞ VICTORIA. AVGG. Victoire marchant à g.

2476. AR ℞ VIRTVS. AVGG Figure militaire debout, à g. (S. X. 16.)

2477. Æ1 ℞ SECVRITAS. AVGG. S. C. Femme assise

à g. tenant un sceptre dans la main dr. (S. x. 15.)

2478. Æ[1] ℞ VIRTVS. AVGG. S. C. Figure militaire, debout, à g.

GORDIANVS AFRICANVS, filius.

2479. AR ℞ VIRTVS. AVGG. Figure militaire, debout à g.

2480. 2481. Æ[1] Deux exemplaires différents.
℞ ROMAE. AETERNAE. Rome Nicéphore assise, à g.

BALBINVS.

2482. AR ℞ PIETAS. MVTVVA. AVGG. Deux mains jointes.

2483 à 2485. Æ[1] Trois exemplaires, revers différents.

PVPIENVS.

2486 à 2490. Æ[1] Cinq exempl[s]. revers différents.

GORDIANVS III, PIVS.

2491. AV ℞ AEQVITAS. AVG. L'Équité debout, à g.

2492. AV ℞ IOVI. STATORI. Jupiter nu debout, à dr. tenant la foudre et la haste.

2493. AV ℞ PIETAS. AVGVSTI. La Piété debout, à g., les deux mains élevées.

2494. AV ℞ P. M. TR. P. IIII. COS II. P. P. Femme assise, à g. tenant un rameau dans la main dr.

2495 à 2551. AR Cinquante-sept exemplaires, revers différents.

2552. Pot. M. IMP. GORDIANVS. PIVS. FELIX. AVG. Buste lauré et cuirassé de Gordien, à g., la haste sur l'épaule droite.
℞ VIRTVS. AVGVSTI. L'Empereur et le

Soleil radié, debout, tenant ensemble le globe, devant un trophée et trois enseignes militaires; à leurs pieds, deux captifs assis à terre. Derrière l'empereur, un soldat appuyé sur la haste tient un *vexillum* de la main dr. A côté du Soleil, deux figures debout tenant la haste pure. *Grand Médaillon inédit.*

2553. Æ.M. Même avers que le précédent.
℞ PAX. AETERNA. L'Empereur debout, à g., sacrifiant, et couronné par la Victoire; à sa dr., le Soleil dans un quadrige; devant, deux captifs assis à terre, et dans le champ, trois enseignes militaires. *Grand Médaillon à 2 métaux.*

2554 à 2575. Æ1 Vingt deux exempl^{s}. revers différents.

2576 à 2581. Æ2 Six exempl^{s}. revers différents.

TRANQVILLINA, f^{me} de Gordien.

2582. AR ℞ CONCORDIA. AVGG. Gordien et Tranquilline debout, se donnant la main.

2583. Æ2 ℞ CONCORDIA. AVGVSTORVM. S. C. Gordien et Tranquilline debout, se donnant la main.

2584. Æ3 ......TRANQVILLINA. AVG. Buste de Tranquilline, à dr.
℞ ...... GORDIANVS. AVG. Tête radiée de Gordien à dr. (*Inédite.*)

PHILIPPVS. I.

2585. AV ℞ ANNONA. AVGG. L'Abondance debout, à g. devant un *modius*; elle tient des épis dans la m. dr. et dans l'autre main, une corne d'abondance.

2586 à 2632. Æ Quarante-sept exempl^s^. revers différents.

2633 à 2662. Æ[1] Trente exempl^s^. revers différents.

2663 à 2670. Æ[2] Huit exempl^s^. revers différents.

OTACILIA, f^me^ de PHILIPPE I.

2671 à 2677. Æ Sept exempl^s^. revers différents.

2678 à 2680. Æ[1] Trois exempl^s^. revers différents.

2681. 2682. Æ[2.3] Deux exempl^s^. revers différents.

PHILIPPVS II,

2683. AV ℞ PRINCIPI. IVVENT. L'Empereur en habit militaire, debout, à g. tenant la haste et le globe.

2684 à 2693. Æ Dix exempl^s^. revers différents.

2694 à 2699. Æ[1] Six exempl^s^. revers différents.

2700. Æ[2] ℞ PRINCIPI. IVVENT. S. C. L'Empereur debout, à g. tenant la haste et le globe.

IOTAPIANVS.

2701. Æ IMP. C. M. F. RV. IOTAPIANVS. Buste radié d'Iotapien, à dr. *Inédite.*

℞ VICTORIA. AVG. Victoire ailée, marchant à g. tenant une palme et une couronne.

Cet exemplaire offre dans la légende qui entoure la tête d'Iotapien des initiales inconnues jusqu'ici, et que Mionnet n'a pas signalées.

PACATIANVS.

2702. Æ IMP. TI. CL. MAR. PACATIANVS. AVG. Tête radiée de Pacatien, à dr.

℞ FELICITAS PVBL. La Félicité debout, à g. tenant un long caducée dans la main dr. et dans l'autre main, une corne d'abondance. *Inédite.*

2703. AR IMP. TI. CL. MAR. PACATIANVS. P. F. AVG. Tête radiée de Pacatien, à dr.

℞ PAX. AETERNA. La Paix debout, à g. tenant une fleur et la haste transversale.

TRAIANVS DECIVS.

2704. AV ℞ ABVNDANTIA. AVG. L'Abondance debout à dr. renversant une corne d'abondance. *Inédite.*

2705. AV ℞ ADVENTVS. AVG. L'Empereur à cheval, marchant à g.

2706 à 2723. AR Dix-huit exempl[s]. revers différents.

2724. Æ.M. ℞ FELICITAS SAECVLI. S. C. La Félicité debout, à g. tenant un corne d'abondance et un long caducée. *Médaillon.*

2725 à 2732. Æ[1] Huit exempl[s]. revers différents.

2733 à 2736. Æ[2] Quatre exempl[s]. revers différents.

2737 à 2739. Æ[3] Trois exempl[s]. différents.

ETRVSCILLA, f[me] de TRAJAN DÈCE.

2740. AV ℞ PVDICITIA. AVG. La Pudeur, assise à g.

2741 à 2746. AR Six exempl[s]. revers différents.

2747. Æ.M. ℞ PVDICITIA. AVG. S. C. La Pudeur assise, à g.

2748 à 2750. Æ[1] Trois exempl[s]. revers différents.

2751. Æ[2] ℞ PVDICITIA. AVG. S. C. La Pudeur assise, à g.

HERENNIVS ETRVSCVS.

2752. AV ℞ PRINCIPI. IVVENTVTIS. L'Empereur en

habit militaire, debout, à g. tenant la haste transversale.

2753. 2754. Æ Deux exempls. revers différents.

2755 à 2757. Æ1 Trois exempls. revers différents.

2758. Æ2 ℞ PIETAS. AVGG. S. C. Mercure debout, à. g.

HOSTILIANVS.

2759. AV ℞ PRINCIPI. IVVENTVTIS. L'Empereur en costume militaire, debout à g. tenant le sceptre et la haste.

2760. 2761. AR Deux exempls. revers différents.

2762 à 2764. Æ1 Trois exempls. revers différents.

TREBONIANVS GALLVS.

2765. AV ℞ PIETAS. AVGG. La Piété debout, à g. les mains élevées.

2766 à 2784. AR Dix-neuf exempls. revers différents.

2785 à 2793. Æ1 Neuf exempls. revers différents.

2794 à 2797. Æ3 Quatre exempls revers différents.

VOLVSIANVS.

2798. AV ℞ ADVENTVS. AVGG. L'Empereur à cheval, allant à g., ayant la main dr. élevée et tenant la haste.

2799. AV ℞ CONCORDIA. AVGG. La Concorde assise à g. tenant une patère et une corne d'abondance.

2800. AV ℞ PAX. AVG. La Paix debout, à g.

2801 à 2818. AR Dix-huit exempls. revers différents.

2819 à 2822. Æ1 Quatre exempls. revers différents.

2823. 2824. Æ2 Deux exempls. revers différents.

AEMILIANVS.

2825. AV IMP. AEMILIANVS. PIVS. FEL. AVG. Buste radié et barbu d'Émilien à dr. avec le *paludamentum*.

℞ APOLL. CONSERVAT. *(Légende inédite.)* Apollon debout, à g. tenant la lyre et un rameau d'olivier.

2826 à 2828. AR Trois exempl[s]. revers différents.

2829. Æ[1] ℞ VOTIS. DECENNALIBVS. S. C., en quatre lignes, dans une couronne de laurier.

2830. Æ[2] ℞ PROVIDENTIA. AVG. S. C. La Providence debout, à g. devant un *modius*, tenant des épis et une corne d'abondance. *Inédite.*

CORNELIA SVPERA.

2831. AR ℞ VESTA. Vesta debout à g. tenant une patère dans la main dr. et dans l'autre main la haste transversale.

VALERIANVS.

2832. AR.M. ℞ MONETA. AVGG. Les trois Monnaies debout, à g. avec leurs attributs. *Grand Médaillon.*

2833 à 2855. Bil. Vingt trois exempl[s]. revers différents.

2856 à 2857. Æ[1] Deux exempl[s]. revers différents.

MARINIANA.

2858 à 2862. Bil. Cinq exempl[s]. revers différents.
2863. Æ[1] Un exemplaire.
2864. 2865. Æ[3] Deux exempl[s]. différents

(for 2858–2865:) ℞ CONSECRATIO. Paon de face ou de profil.

GALLIENVS.

2866. AV ℞ FIDEI. EQVITVM. en trois lignes, dans une couronne de laurier.

2867. AR.M. ℞ MONETA. AVGG. Les trois Monnaies debout, à g. avec leurs attributs. *Gd. Médaillon.*

2868. AR.M. ℞ PAX. AVG. La Paix assise, à g.

2869. Æ.M. ℞ Légende fruste, peut-être PAX. PVBLICA? La Paix debout, à g. *Médaillon à bords relevés, mais dont le revers est en mauvais état.*

2870 à 2898. Bil. Vingt-neuf exempls. revers différents. (S. XI. 16. 17.)

2899 à 2901. Æ¹ Trois exempls. revers différents.

2902. 2903. Æ² Deux exempls. revers différents.

2904 à 2961. Æ³ Cinquante-huit exempls. revers différents.

RESTITUTIONS DE GALLIEN.

2962. Bil. ℞ DIVO TRAIANO. Tête radiée de Trajan, à dr. (S. XI. 18.)

2963. Bil. ℞ DIVO. PIO. Tête radiée d'Antonin le Pieux, à dr.

2964. Bil. ℞ DIVO. COMMODO. Tête radiée de Commode, à dr.

GALLIENVS ET SALONINA.

2965. Æ¹ CONCORDIA. AVGG. Bustes affrontés de Gallien et de Salonina; L'Empereur est lauré, barbu, et porte l'habit militaire.

℞ ÆTERNITATI. Victoire ailée, assise, à g. tenant un enfant de la main g. et tendant la main dr. à deux autres enfants, de taille inégale, qui sont debout devant elle. *Inédite.*

SALONINA.

2966.	AR.M	℞ PVDICITIA. AVG. La Pudeur assise, à g.
2967 à 2978.	Bil.	Douze exempl^s. revers différents.
2979.	Æ[2]	℞ VESTA. S. C. Vesta assise, à g.
2980 à 2992.	Æ[3]	Treize exempl^s. revers différents.

SALONINVS.

2993 à 2997.	Bil.	Cinq exempl^s. revers différents. (S. XI. 19.)
2998. 2999.	Æ[1]	Deux exempl^s. revers différents.
3000.	Æ[3]	℞ PRINCIPI. IVVENTVTIS. S. C. Saloninus debout à g. tenant la globe et la haste. Devant, à ses pieds, un captif, assis à terre.
3001. 3002.	Æ[3]	Deux exempl^s. revers différents.

POSTVMVS.

3003.	AV	℞ FIDES. EQVIT. Femme assise, à g. tenant une patère de la main dr. et de l'autre main une enseigne militaire.
3004 à 3014.	Bil.	Onze exempl^s. revers différents. (S. XI. 20. 21. 22. 23. 24. 25. 26. 27. 28. 29.)
3015 à 3020.	AR[1]	Six exempl^s. revers différents.
3021 à 3023.	Æ[2]	Trois exempl^s. revers différents.
3024. 3025.	Æ[3]	Deux exempl^s. revers différents.

LAELIANVS.

3026.	Bil.	℞ VICTORIA. AVG. Victoire marchant, à dr.

VICTORINVS.

3027 à 3046.	Bil. ou Æ	Vingt exempl^s. revers différents

MARIVS.

3047. Bil. ℞ VICTORIA. AVG. Victoire marchant à g.

TETRICVS, senior.

3048. AV ℞ FELICITAS. PVBLICA. La Félicité debout, à g. le coude g. appuyé sur une colonne et un caducée dans la main dr.

3049 à 3071. Æ3.4 Vingt-trois exempls. revers et modules différents.

TETRICVS, junior.

3072 à 3081. Æ3.4 Dix exempls. revers et modules différents.

MACRIANVS, junior.

3082. Bil. IMP. C. FVL. MACRIANVS. P. F. AVG. Buste radié de Macrianus à dr. avec le *paludamentum*.
℞ APOLINI. (*sic*) CONSERVA. Apollon debout, à g. tenant une branche de laurier de la main dr., la gauche posée sur la lyre.

QVIETVS.

3083. Bil. IMP. C. FVL. QVIETVS. P. F. AVG. Buste radié de Quiétus, à dr. avec le *paludamentum*.
℞ APOLLINI. CONSERVA. Apollon debout, à g. tenant une branche de laurier de la main dr. et la gauche posée sur la lyre.

CLAVDIVS GOTHICVS.

3084 à 3145. Bil. Æ3.4 Soixante-deux exempls. revers et modules différents.

QVINTILLVS.

3146 à 3157. Æ³ Douze exempl^s. revers différents.

AVRELIANVS.

3158. AV ℞ FORTVNA. REDVX. La Fortune assise, à g. sur une roue, tenant un gouvernail dans la main dr. et dans l'autre main une corne d'abondance; à l'exergue, T*. *Inédite.*

3159. AV ℞ VIRTVS. AVGVSTI. Trophée militaire entre deux captifs assis à terre et adossés. *Inédite.*

3160 à 3163. Æ² Quatre exempl^s. revers différents.

3164 à 3196. Bil. Æ³.⁴ Trente-trois exempl^s. revers et modules différents.

AVRELIANVS ET VABALATHVS ATHENODORVS.

3197. Æ³ Deux exemplaires. IMP. C. AVRELIANVS. AVG. Tête radiée d'Aurélien, à dr. Dessous, Δ.

℞ VABALATHVS. VCRIMDR. Buste lauré de Vabalathe, à dr. (LXXXI. 9.)

AVRELIANVS ET SEVERINA.

3198. Æ.M IMP. AVRELIANVS. AVG. Buste radié et cuirassé d'Aurélien, à dr.

℞ SEVERINA. AVG. Buste de Sévérine sur un croissant. (S. XI. 31.)

SEVERINA.

3199 à 3205. Æ³.⁴ Sept exempl^s. revers et modules différents. (LXXXI. 1. 2. 3. 4. 5. 6. 7.)

TACITVS.

3206. AV M. CL. TACITVS. P. F. AVG. Buste lauré de Probus, à g. avec la cuirasse et *l'aegide* tenant la lance de la m. dr. *Avers inédit.*

℞ ROMAE. AETERNAE et à l'exergue, S. C. Rome Nicéphore, assise à g. (LXXXI. 12.)

3207. Æ.M VIRTVS. AVGVSTI. Hercule nu debout, à g. la main dr. sur un trophée, tenant de la main g. sa massue et la dépouille du lion. *Médaillon.* (S. XI. 33.)

3208. Æ.M ℞ ADLOCVTIO. AVG. L'Empereur, debout à g. sur une estrade, avec un personnage militaire derrière lui. Devant, trois figures debout. *Médaillon.* (LXXXI. 18.)

3209 à 3224. Æ3 Seize exempl[s]. revers différents. (LXXXI. 13. 14. 15. 16. 17. 18. 19. 20. 21. 22. 23. 24. 25. 26. 27.)

FLORIANVS.

3225 à 3228. Bil Æ3 Quatre exempl[s]. revers différents. (LXXXI. 34. 35. 36. 37.)

PROBVS.

3229. AV PROBVS. P. F. AVG. Buste casqué de Probus, à g. en costume militaire, la lance sur l'épaule dr.

℞ VICTORIA. AVG. L'Empereur à cheval, suivi par la Victoire. (LXXXI. 38.)

3230. AV IMP. C. M. AVR. PROBVS. AVG. Buste lauré et cuirassé de Probus, à dr.

3231. ℞ MARS. VICTOR. Mars allant à dr., portant la lance et un trophée sur l'épaule dr.; à ses pieds, un captif assis à terre.

3232. AV IMP. C. PROBVS. P. F. AVG. Buste de Probus à dr. en costume militaire avec casque, lance et bouclier.

℞ ADVENTVS. AVG. L'Empereur à cheval, se dirigeant à g. et précédé par la Victoire.

3233. AV SOL. COM. INV. PROBI. AVG. Bustes accolés et tournés à g. du Soleil radié, et de Probus en costume militaire, casqué et la lance sur l'épaule dr.

℞ SOLI. INVICTO. COMITI. AVG. Buste radié du Soleil, à dr.

3234. AR ℞ FELICITAS. AVG. La Félicité debout à g. devant un autel allumé; elle tient une patère dans la main dr. et dans la gauche un long caducée. Dans le champ, B; à l'exergue, XXI. *Inédite.*

3235 à 3314. Bil. Æ^{3}.^{4} Quatre-vingt exempl^{s}. revers différents.

CARVS.

3315. AV ℞ VIRTVS. CARI. INVICTI. AVG. et à l'exergue, K. Hercule debout, à dr. tenant la massue et la dépouille du lion.

3316. Æ.M C. M. CARVS. NOB. CAES. Buste lauré et à mi-corps de Carus en costume militaire, tourné à g. et tenant la haste sur l'épaule droite.

℞ MONETA. AVGG. Les trois Monnaies debout, à g. avec leurs attributs. *Médaillon* dont l'avers est inédit, avec le titre de *Nobilis Caesar*, et offrant en outre des bords relevés sur les deux faces.

3317 à 3323. Bil. Sept exempl^{s}. revers différents.

CARVS ET CARINVS.

3324. Bil. CARVS ET CARINVS. AVGG. Bustes accolés de Carus et de Carinus, à dr. Carus a la tête radiée et est en costume militaire.
℞ PAX AVG. et dans le champ, B. La Paix debout, à g. tenant un rameau d'olivier et la haste transversale.

NVMERIANVS.

3325. AV IMP. NVMERIANVS. AVG. Buste radié et cuirassé de Numérien, à dr.
℞ PRINCIPI. IVVENTVTIS. Numérien debout, à g. tenant le sceptre et la haste.

3326. AV IMP. NVMERIANVS. AVG. Buste lauré et cuirassé de Numérien, à dr.
℞ VENERI. VICTRICI. Vénus debout à g. tenant l'Amour sur la main dr. et le globe sur l'autre main.

3327. AV IMP. C. NVMERIANVS. P. F. AVG. Tête laurée de Numérien, à dr. avec le *paludamentum*.
℞ ADVENTVS. AVGG. N. N. et à l'exergue, C. Les deux empereurs debout, soutenant une Victoire qui les couronne de chaque main. *Inédite.*

3328 à 3339. Bil. Onze exempls. revers et modules différents.

CARINVS.

3340. AV ℞ VIRTVS. AVGG. Hercule debout, à dr. appuyé sur sa massue.

3341 à 3350. Bil. Dix exempls. revers différents.

MAGNIA VRBICA.

3315. AV MAGNIAE. VRBICAE. AVG. Buste de Magnia Urbica, à dr. *Légende inédite.*
℞ CONCORDIA. AVG. La Concorde assise, à dr.

3352 à 3354. Bil. Trois exempl^s^. revers différents.

NIGRINIANVS.

3355. Bil. DIVO. NIGRINIANO. Buste radié de Nigrinianus, à dr.
℞ CONSECRATIO et à l'exergue, KAA. Aigle éployé, la tête tournée à g.

M. AVRELIANVS IVLIANVS, tyrannus.

3356. AV ℞ LIBERTAS. PVBLICA. La Liberté debout, à g. tenant de la main dr. un bonnet de liberté, et une corne d'abondance dans l'autre main.

3357. AV ℞ Comme la précédente, dans le champ, à dr. un astre.

DIOCLETIANVS.

3358. 3359. AV Deux exempl^s^. différents: ℞ IOVI. CONSERVATORI. Jupiter debout à g. appuyé sur la haste, et tenant sur la main dr. un globe surmonté de la Victoire.

3360 à 3362. AR Trois exempl^s^. différents.

3363. Æ.M ℞ MONETA. AVGG. Les trois Monnaies debout, à g. avec leurs attributs.

3364 à 3382. Æ 2 Dix-neuf exempl^s^. revers différents.

3383 à 3396. Æ 3 Quatorze exempl^s^. revers différents.

MAXIMIANVS HERCVLES.

3397. AV MAXIMIANVS. AVG. Tête laurée de Maximien à dr. *(Relief très-grand.)*
℞ HERCVLI. VICTORI. Hercule assis, les

bras croisés sur la tête du Lion de Némée; à sa gauche, l'arc et le carquois. *Inédite.*

3398. AV IMP. C. M. AVR. VAL. MAXIMIANVS. P. F. AVG. Buste lauré de Maximien, à dr.; à l'exergue, P. TR.

℞ VIRTVS. AVG. Hercule, à dr. étouffant le lion de Némée; derrière lui, sa massue. *Inédite.*

3399 à 3401. AR Trois exempl[s]. différents, dont un *quinaire.*

3402. Æ.M IMP. C. M. AVR. VAL. MAXIMIANVS. P. F. AVG. Buste de Maximien, à dr. la tête coiffée de la dépouille d'un lion.

℞ MONETA. IOVI. ET. HERCVLI. AVGG. La Monnaie debout, à g. entre Jupiter et Hercule. *Médaillon.*

3403. Æ.M IMP. C. M. AVR. VAL. MAXIMIANVS. AVG. Buste lauré de Maximien, à dr. avec le *paludamentum.*

℞ MONETA. AVGG Les trois Monnaies debout, à g. avec leurs attributs. *Médaillon.*

3404 à 3420. Æ[2] Dix-sept exempl[s]. revers différents.

3421 à 3456. Æ[3].[4] Trente-six exempl[s]. revers et modules différents.

CARAVSIVS.

3457. AR ℞ FELICIT. AAV *(sic.)*. Vaisseau avec des rameurs.

3458 à 3465. Æ[2] Huit exempl[s]. revers et modules différents.

ALLECTVS.

3466 à 3471. Æ[3] Six exempl[s]. revers différents.

DOMITIVS DOMITIANVS.

3472. ℞ GENIO. POPVLI. ROMANI. Dans le champ, à dr. A et à l'exergue, ALE. Génie nu, debout à g. le *modius* sur la tête, une patère dans la main dr. et une corne d'abondance dans l'autre main. A ses pieds, un aigle debout.

CONSTANTIVS CHLORVS.

3473 à 3500. Æ² Vingt-huit exempl^s. revers différents.
3501 à 3510. Æ³ Dix exempl^s. revers différents.
3511 à 3515. Æ⁴ Cinq exempl^s. revers différents.

HELENA, 1re femme de Constance I.

3516 à 3522. Æ⁴ Sept exempl^s. différents.

THEODORA, 2de femme de Constance I.

3523 à 3526. Æ⁴ Quatre exempl^s. différents.

GALERIVS MAXIMIANVS.

3527. AV *Quinaire*. MAXIMIANVS. N. C. Tête laurée de G. Maximien, à dr.
℞ VOTIS. X. SIC. XX. Dans une couronne de laurier.

3528. AR ℞ VIRTVS. MILITVM et à l'exergue, ANT. Quatre soldats sacrifiant devant une castre prétorienne.

3529 à 3546 Æ² Dix-huit exempl^s. revers différents.
3547 à 3558. Æ³ Douze exempl^s. revers différents.
3559 à 3561. Æ⁴ Trois exempl^s. revers différents.

GALERIVS MAXIMIANVS et MAXIMIANVS HERCVLES.

3562. Æ⁴ MAXIMIANVS. N. C. Tête laurée de Gal. Maximien, à g.
℞ MAXIMIANVS. P. AVG. Tête laurée de Maximien Hercule, à dr. *Inédite*.

GAL. VALERIA.

3563. 3564. Æ^{3} Deux exempl^{s}. revers différents.

FL. VAL. SEVERVS.

3565 à 3570. Æ^{2} Six exempl^{s}. revers différents.

3571. Æ^{3} ℞ CONCORDIA. MILITVM. et à l'exergue, N. AN. Maximien Hercule et Sévère debout, soutenant ensemble une Victoire; dans le champ, r.

MAXIMINVS DAZA.

3572. 3573. AR Deux exempl^{s}.: ℞ SOLI. INVICTO. COMITI et à l'exergue, P. TR. Le Soleil dans un quadrige.

3574 à 3577. Æ^{2} Quatre exempl^{s}. revers différents.

3578 à 3587. Æ^{3} Dix exempl^{s}. revers différents.

3588. Æ^{3} ℞ SOLI. INVICTO. dans le champ, à g. A, et à l'exergue, ANT. Le Soleil radié, debout, en habit de femme, la main dr. levée et la tête de Sérapis sur la main g.

MAXENTIVS.

3589 à 3606. Æ^{3} Dix-huit exempl^{s}. modules et revers différents.

3607. Æ^{4} ℞ VOT. Q. Q. MVL. XX. en quatre lignes, dans une couronne de laurier.

ROMVLVS.

3608. Æ^{3} DIVO. ROMVLO. NVBIS. CONS. Tête nue de Romule, à dr.

℞ AETERNAE. MEMORIAE et à l'exergue, R. B. S. Temple rond, surmonté d'un aigle éployé.

3609 à 3611. Æ^{1} Trois exempl^{s}. revers différents.

ALEXANDER, tyrannus.

3612. Æ[3] ℟ ROMAE. AETERNAE. Figure militaire debout à g. et en casque, tenant dans dans la main droite un globe surmonté d'une victoire, et de la g. s'appuyant sur la haste.

3613. Æ[3] ℟ ROMAE. AETERNAE. Rome assise, à g. dans un temple hexastyle; à l'exergue, P*K.

LICINIVS senior.

3614. AV ℟ IOVI. CONSERVATORI. AVGG. Jupiter, debout, à g. tenant la foudre et la haste; à ses pieds, un aigle ayant une couronne au bec; dans le champ, Z; à l'exergue, SM. TS.

3615. AV ℟ VICTORIAE. LAETAE. PRIN. PER. Deux Victoires debout, soutenant un écusson posé sur une colonne. Au milieu de l'écusson, en deux lignes : VOT. X.; à l'exergue, PR.

3616 à 3654. Æ[3] Trente-neuf exempl[s]. modules et revers différents.

3655. AR (*bas. aloi.*) Module du *quinaire:* IMP. LICINIVS. AVG. Buste lauré de Licinius, en habit militaire, tourné à g., le sceptre sur l'épaule dr. et tenant un rouleau dans la main, dr.

LICINIVS, pater cum filio.

3656. Æ[3] DD. NN. IOVII. LICINII. INVICT. AVG. ET. CAES. Bustes affrontés des deux Licinius, soutenant ensemble une Victoire, qui les couronne de chaque main.

℞ I. O. M. ET. VICT. CONSER. DD. NN. AVG. ET. CAES. Jupiter debout, à g., en face de la Victoire, qui le couronne; à l'exergue, SMKΔ.

3657. Æ[3] ℞ I. O. M. ET. VIRTVTI. DD. NN. AVG. ET. CAES. Jupiter debout, à g., devant un trophée au pied duquel sont deux captifs assis à terre et adossés. A l'exergue, SMATE.

LICINIVS, junior.

3658. AV DN. VAL. LICIN. LICINIVS. NOB. C. Buste de face de Licinius, tête nue, et vêtu de la chlamyde agrafée sur l'épaule dr.

℞ IOVI. CONSERVATORI CAES. Jupiter Nicéphore, barbu et assis de face, sur une base où sont écrits ces mots en deux lignes: SIC. V. — SIC. X. Aux pieds de Jupiter, à sa dr., un aigle ayant une couronne au bec. A l'exergue, SMNΔ.

3659 à 3664. Æ[3] Six exempl[s]. revers différents.

MARTINIANVS.

3665. Æ[3] DN. M. MARTINIANVS. P. F. AVG. Buste radié de Martinianus, à dr.

℞ IOVI. CONSERVATORI. Jupiter debout, à g. tenant la haste et portant sur la main dr. le globe surmonté d'une Victoire. A ses pieds, devant, un aigle ayant une couronne au bec; derrière, un captif assis à terre. Dans le champ, à dr. XIII, et à l'exergue, SMNΔ.

CONSTANTINVS MAGNVS.

3666. AV.M CONSTANTINVS. MAX. AVG. Buste lauré, de Constantin, à dr. avec le *paludamentum* agrafé sur l'épaule dr.

℞ CONSTANTINI. AVG. Deux Victoires debout, soutenant ensemble une couronne dans laquelle on lit : VOT. XXX. écrit en deux lignes. A l'exergue TR. *G*[d] *Médaillon*, garni d'une bélière.

3667. AV.M Pas de légende. Tête *diadémée* de Constantin, à dr.

℞ GLORIA. ROMANORVM. Rome assise à g., appuyée sur la haste et tenant sur la main dr. un globe surmonté d'une Victoire. A l'exergue, SMN. *Médaillon inédit.*

3668. AV CONSTANTINVS. P. F. AVG. Tête laurée de Constantin, à dr.

℞ CLARITAS. REIPVBLICAE. Le Soleil radié et nu, debout à g., la main dr. élevée et le globe sur l'autre main. Devant, une figure suppliante, à genoux et élevant les deux mains ; à l'exergue, SM. TS.

3669. AV ℞ P. M. TRIB. P COS. IIII. P. P. PROCOS. L'Empereur assis à g. sur une chaise curule ; il tient d'une main le sceptre, et le globe sur la main dr A l'exergue, PTR.

3670. AV ℞ PRINCIPIS. PROVIDENTISSIMI. Cippe surmonté d'un hibou ; et sur lequel on lit, en quatre lignes, SA-PI-EN-TIA. A g. un casque ; à dr. une lance et un bouclier. A l'exergue, PARL.

3671. AV CONSTANTINVS AVG. Buste de Constantin, à dr. portant le casque et la cuirasse.
℞ VICTORIAE. LAETAE. PRIN. PER. Deux Victoires debout, soutenant un écusson posé sur une colonne. Au milieu de l'écusson, en deux lignes, VOT. X ; à l'exergue, PR.

3672 à 3675. AR Quatre exempl[s]. revers et modules différents.

3676. Æ.M CONSTANTINVS. MAX. AVG. Buste lauré de Constantin, à dr. avec le *paludamentum*.
℞ Légende fruste. Rome assise à g. la main sur la haste. Devant elle, un personnage debout, probablement Constantin, lui tend la main dr. et ils soutiennent ensemble un globe; dans la main g. qu'il élève, l'empereur tient une corne d'abondance. A l'exergue, ROMA. *Médaillon inédit*, mais en mauvais état.

3677. Æ.M CONSTANTINOPOLIS. Buste de femme, à dr. en casque et habit militaire, le sceptre sur l'épaule dr.
℞ VICTORIA. AVGVSTI. Femme tourrelée et assise, à dr. tenant une branche d'olivier dans la main dr. et une corne d'abondance dans l'autre main: derrière, une Victoire la couronne. A l'exergue, A. *Médaillon*

3678. Æ.M CONSTANTINOPOLIS. Buste de femme à g.

en casque et en costume militaire, le sceptre sur l'épaule g. Devant, un rameau incus.

℞ RESTITVTOR. REIP. L'Empereur debout, à g. et appuyé sur la haste, relève une femme tourrelée agenouillée devant lui; à sa g., un captif accroupi à terre. *Médaillon*, à bords relevés.

3679. Æ.M VRBS ROMA. Buste de femme à dr., en en casque et en costume militaire.

℞ VRBS. ROMA. Rome assise à g. appuyée sur la haste et tenant sur la main dr. un globe surmonté de la Victoire. *Médaillon*

3680. Æ.M Même avers que la précédente ℞ Pas de légende; Rémus et Romulus allaités par la louve, dans une caverne. Sur le roc, les deux frères déjà grands, et en haut dans le champ, deux astres. *Médaillon*.

3681 à 3699. Æ² Dix-neuf exempl^s. revers différents.

3700 à 3835. Æ²⁻⁴ Cent-trente six exempl^s. modules et revers différents.

FAVSTA, 2de fme DE CONSTANTIN.

3836. Æ⁴ FLAV. MAX. FAVSTA. AVG. Buste de Fausta, à dr.

℞ SALVS. REIPVBLICAE. Femme voilée debout, à g.

CRISPVS.

3837 à 3859. Vingt-trois exempl^s. revers différents.

DELMATIVS.

3860. Æ⁴ FL. DELMATIVS NOB. C. Tête laurée de Delmatius, à dr.

℟ GLORIA. EXERCITVS. Deux figures militaires debout, avec la lance et le bouclier ; au milieu d'elles, une enseigne militaire ; à l'exergue, SMTSE.

HANNIBALIANVS.

3861. Æ3 FL. HANNIBALIANO. REGI. Tête nue de Hannibalianus, à dr.
℟ SECVRITAS. PVBLICA. Fleuve assis sur son urne, et tourné à dr.

CONSTANTINVS II.

3862 à 3865. Æ4 Quatre exempl^s. revers différents.

CONSTANS I.

3866. AV ℟ SECVRITAS REIPVBLICAE. Femme debout, à dr., appuyée sur une colonne et la main dr. sur la tête. A l'exergue, TR.

3867. 3868. AR Deux exempl^s. différents.

3869. Æ.M ℟ VRBS. ROMA. BEATA. Rome assise à g. appuyée sur la haste et tenant sur sa main dr. un globe surmonté de la Victoire. *Médaillon.*

3870 à 3879. Æ3 Dix exempl^s. revers différents.

3880 à 3902. Æ4 Vingt-trois exempl^s. revers différents.

CONSTANTIVS II.

3903. AV.M FL. IVL. CONSTANTIVS. NOB. C. Buste lauré de Constance, à dr. avec le *paludamentum.*
℟ GLORIA ROMANORVM. Rome assise, à g. s'appuyant sur la haste et tenant sur la main dr. le globe surmonté de la Victoire. A l'exergue, TR. *Médaillon.*

3904. AV.M FL. IVL. CONSTANTIVS. PERP. AVG. Buste

diadémé de Constance, à g. avec le *paludamentum.*

℞ FELIX. ADVENTVS. AVG. N. L'Empereur à cheval, la main dr. levée, et allant à g. A l'exergue, SMAN. *Médaillon.*

3905. AV CONSTANTIVS. NOB. CAES. Buste lauré de Constance, à dr. avec le *paludamentum.* ℞ VICTORIA. CAES NN. Victoire marchant à g. et tenant un trophée dans la main dr. Dans le champ, une étoile et LXXII; à l'exergue, SMAN.

3906 AV DN. CONSTANTIVS. MAX. AVGVSTVS. Buste diadémé de Constance, à dr. avec le *paludamentum.*

℞ GLORIA. REIPVBLICAE Deux femmes assises, l'une casquée, l'autre tourrelée, soutenant un bouclier sur lequel on lit, en quatre lignes : VOT. XXX. MVLT. XXXX A l'exergue, TES.

3907 à 3913. AR Sept exempl^s^. *grand module*, revers différents.

3914 à 3918. AR Cinq exempl^s^. *module du quinaire,* revers différents.

3919. Æ.M DN. FL. CONSTANTIVS. AVG. Buste diadémé de Constance, à dr. avec le *paludamentum*

℞ DEBELLATORI. GENTT. BARBARR. L'Empereur à cheval et tourné à dr. frappe de sa lance un ennemi à demi-renversé et dont le bouclier est sous le cheval. *Médaillon.*

3920. Æ.M DN. FL. CONSTANTIVS. P. F. AVG. Buste diadémé de Constance, en habit militaire, tourné à dr. et tenant dans la main dr. un sceptre surmonté d'un aigle.

℞ DEBELLATORI GENTT. BARBARR. L'Empereur à cheval. perçant de sa lance un ennemi et en foulant un autre aux pieds. *Médaillon*.

3921. Æ.M ℞ VIRTVS. AVG. L'Empereur debout, à dr. tenant la lance et sur la main dr. un globe surmonté de la Victoire. A ses pieds, un captif, assis à terre. *Médaillon*.

3922. Æ.M ℞ VIRTVS. AVG. L'Empereur debout, à dr. tenant la haste transversale et le globe. A ses pieds, un captif assis à terre. *Médaillon*.

3923. Æ.M ℞ VICTORIA. AVG. NN. Victoire assise, à dr. sur des armes et écrivant sur un bouclier: VOT. X.

3924 à 3946. Æ³ Vingt-trois exempl^s^. revers différents.

3947 à 4001. Æ⁴ Quarante-deux exempl^s^. revers différents.

NEPOTIANVS.

4002. Æ² FL. POP. NEPOTIANVS. P. F. AVG. Buste de Népotianus à dr. avec le *paludamentum*; la tête est nue.

℞ VRBS. ROMA. Rome casquée, assise à g. appuyée sur la haste et tenant dans la main dr. un globe surmonté de la Victoire. A l'exergue, R. S.

VETRANIO.

4003. Æ² DIV. VETRANIO. P. F AVG. Buste diadémé

de Vétranio, à dr. avec le *paludamentum;* derrière, A; devant, ✱.
℞ CONCORDIA. MILITVM. et à l'exergue TES. Figure militaire debout, à g. tenant dans chaque main le *labarum* orné du monogramme du Christ; en haut, une étoile; dans le champ, à g., A.

MAGNENTIVS.

4004. AV ℞ VICTORIA. AVG. LIB. ROMANORVM. et à l'exergue, TR. La Victoire et une femme debout, soutiennent ensemble un trophée.

4005. Æ.M DN. MAGNENTIVS. P. F. AVG. Buste de Magnence, à dr. en *paludamentum* et la tête nue.
℞ SECVRITAS. REIPVBLICAE. et à l'exergue, TR. Femme debout, à dr. le bras g. appuyé sur une colonne et la main dr. ramenée sur la tête. *G^d. Médaillon.*

4006. Æ.M ℞ VICTORIA. AVGVSTORVM. Victoire marchant à g. *Médaillon.*

4007. Æ.M ℞ VICTORIA. AVGG. Victoire tournée à g. le pied dr. sur un captif à genoux et dont les mains sont liées derrière le dos *Médaillon.*

4008 à 4029. AV 2.3 Vingt-deux exempl^s. modules et revers différents.

DECENTIVS.

4030. AV ℞ VICTORIA. CAES. LIB. ROMANOR. et à l'exergue, TR. La Victoire et une femme debout soutiennent ensemble un trophée.

4031. Æ.M MAG. DECENTIVS. NOB. CAES. Buste à mi-corps de Décence, en habit militaire, tourné à dr. et la tête nue, tenant une lance dans la main dr. et dans la g. le globe surmonté de la Victoire. ℞ VIRTVS. AVG. L'Empereur à cheval et tourné à dr. perce de sa lance un ennemi renversé. *Médaillon.*

4032 à 4038. Æ2·2 Sept exempl^{s}. revers et modules différents.

CONSTANTIVS GALLVS.

4039. AV ℞ GLORIA. REIPVBLICAE. et à l'exergue, TES. La Déesse Rome et une femme tourrelée, assises, soutiennent ensemble un écusson sur lequel on lit: VOT. V. MVLT. X. écrit en quatre lignes; la femme tourrelée a le pied dr. sur une proue de vaisseau.

4040. AV Comme la précédente; à l'exergue, SMANB; dans l'écusson, en quatre lignes: VOT. XX. MVLT. XXX.

4041. AV Comme la précédente; à l'exergue, SMNB; dans l'écusson, en trois lignes: VOTIS. V.

4042. AR Comme la précédente; à l'exergue, TR✻; dans l'écusson, en quatre lignes: VOT. XXX. MVLT. XXXX.

4043. AR Comme la précédente; à l'exergue, SMANE.

IVLIANVS II.

4044 à 4055. AR Douze exempl^{s}. revers différents.

4056. Æ.M ℞ VIRTVS. AVGG. L'Empereur debout, à g. tenant une branche d'olivier dans la main dr., le *labarum* dans l'autre main, et le pied droit sur un captif accroupi devant lui. *Médaillon.*

4057. Æ.M ℞ SECVRITAS. REIPVB. et à l'exergue, P. CONST. Bœuf Apis debout, à dr, avec deux étoiles au-dessus de la tête; à ses pieds, un aigle sur une couronne et tenant une couronne au bec. *Médaillon.*

4058. Æ² ℞ Comme la précédente; à l'exergue, T. CONST.

4059 à 4069. Æ³ Onze exempl^s. revers différents.

4070 à 4073. Æ⁴ Quatre petits bronzes, revers différents, frappés à Antioche.

FLAVIA HELENA, f^me de JVLIEN.

4074. Æ FL. HELENA. AVGVSTA. Buste d'Hélène, à dr.

℞ SECVRITAS. REIPVBLICAE. et à l'exergue, STRϽ. Femme debout, à g. tenant des fruits ou une grappe de raisin à la main dr., et de la g. relevant les plis de sa robe. *Inédite.*

4075 à 4079. Æ³ Cinq exempls. revers différents.

IOVIANVS.

4080 à 4082. Æ *Module du quinaire.* Trois exempl^s. revers différents.

4083. Æ.M ℞ VICTORIA. REIPVBLICAE et à l'exergue, TESΓ•. L'Empereur debout à dr. tenant. de la main dr. le *labarum* orné du monogramme du Christ et sur la main g. le globe surmonté d'une victoire. *Médaillon.*

VALENTINIANVS I.

4084. AV ℞ RESTITVTOR. REIPVBLICAE. L'Empereur debout, à dr. tenant le *labarum* et le globe nicéphore. A l'exergue, .RQ[illegible].

4085. AV ℞ Comme la précédente ; à l'exergue .ANTA.

4086. AV ℞ Comme la précédente ; à l'exergue, *ANTA*, et dans le champ, à g. une croix.

4087. AR ℞ VOT. V. MVLT. X. écrit en quatre lignes dans une couronne; à l'exergue, R. T. *(Module du quinaire.)*

4088 à 4091. Æ² Quatre exempl^s^. revers différents.

4092 à 4116. Æ³.⁴ Vingt-cinq exempl^s^. revers différents.

VALENS.

4117. AV ℞ VICTORIA. AVGG. Deux empereurs assis et soutenant ensemble un globe ; au-dessus, la Victoire les couronne; à l'exergue, TROBT.

4118 à 4129. AR Douze exempl^s^. revers et modules différents.

4130. Æ.M ℞ MONETA. AVGG. Les trois Monnaies debout, à g. avec leurs attributs ; à l'exergue, R. *Médaillon.*

4131 à 4143. Æ³.⁴ Treize exempl^s^. revers différents.

PROCOPIVS.

4144 à 4146. AR Trois exempl^s^ avec indication d'hôtels monétaire différents.

4147. Æ³ ℞ REPARATIO. FEL. TEMP. L'Empereur debout à dr., en costume militaire, tenant de la main dr. le *labarum* orné du monogramme du Christ, et la main g. sur un bouclier ovale et orné; devant sa tête, le monogramme du Christ; à ses pieds, et à sa dr., un captif assis à terre. A l'exergue, *SMKA.

GRATIANVS.

4148. AV ℞ VICTORIA. AVGG. Deux empereurs assis et soutenant ensemble un globe; au-dessus, la Victoire les couronne; à l'exergue, CON.

4149. AV Comme la précédente; à l'exergue, TROBT.

4150 à 4154. AR Cinq exempl[s]. revers et modules différents.

4155 à 4167. Æ[2] Treize exempl[s]. revers différents.

4168 à 4181. Æ[3.4] Quatorze exempl[s]. revers différents.

VALENTINIANVS II.

4182. AV ℞ VICTORIA. AVGG. Deux empereurs assis et soutenant ensemble un globe; au-dessus, la Victoire les couronne; dans le champ, T — R et à l'exergue, CON.

4183. AR ℞ VRBS. ROMA. Rome Nicéphore assise à g.; à l'exergue, TRPS.

℞ RESTITVTOR. REIP. L'Empereur debout à dr. tenant dans la main dr. le *labarum* orné du monogramme du Christ et dans la g. un globe surmonté de la Victoire. A l'exergue, TES.

4184. Æ[3] ℞ CONCORDIA. AVGGG. Rome assise, de face, la tête tournée à g., tenant la haste et sur la main dr. un globe.

Φ
Dans le champ Θ' — K et à l'exergue, ANTB.

4185. Æ[4] ℞ SALVS. REIPVBLICAE. Victoire marchant

à g. tenant par les cheveux un captif; dans le champ, le monogramme du Christ; à l'exergue, SMKA.

THEODOSIVS MAGNVS.

4186. AV ℞ CONCORDIA. AVGGG. B. Femme casquée, assise, à dr. le pied sur une proue de vaisseau, la main dr. sur la haste et de la g. tenant un bouclier, sur lequel on lit, en quatre lignes: VOT. V. MVLT. X. A l'exergue, CONOB.

4187. AV ℞ Comme la précédente; sur le bouclier: VOT. X. MVLT. XV.

4188. AV ℞ Comme la précédente; au lieu de bouclier, Rome tient un globe sur la main dr.

4189. AV ℞ VICTORIA. AVGG. Deux empereurs assis, soutenant ensemble un globe; au-dessus la Victoire les couronne; à l'exergue, CON.

4190. AV ℞ VICTORIA. AVGG. I. L'Empereur debout, à dr. tenant dans la main dr. le *labarum*, orné du monogramme du Christ et dans l'autre main un globe surmonté de la Victoire. Dans le champ, S — M, et à l'exergue, CONOB.

4191. AV *Quinaire.* ℞ VICTORIA. AVGVSTORVM. Victoire marchant, tenant de la main dr. une couronne et portant sur la gauche le globe crucigère; dans le champ, une étoile; à l'exergue, CONOB.

4192 à 4195. AR *Grand module.* Quatre exempl^s. revers différents.

4196 à 4200. *Moyen module*. Cinq exempl[s]. revers différents.

4201. 4202. *Très-petit module*. Deux exempl[s]. revers différents.

4203 à 4210. Æ[2] Huit exempl[s]. revers différents.

4211 à 4217. Æ[3] Sept exempl[s]. revers différents.

4218 à 4226. Æ[4] Neuf exempl[s]. revers différents.

FLACCILLA, f^me de THÉODOSE.

4227. 4228. Æ[2] Deux exempl[s]. revers différents.

4229. 4230. Æ[4] Deux exempl[s]. revers différents.

MAGNVS MAXIMVS.

4231. AV ℞ VICTORIA. AVGG. Deux empereurs assis, soutenant ensemble un globe; au-dessus, la Victoire les couronne; à l'exergue, TROB.

4232. 4233. AR Deux exempl[s]. revers différent.

4234 à 4239. Æ[2] Six exempl[s]. revers différents.

4240. Æ[4] ℞ SPES. ROMANORVM. Castre prétorienne; à l'exergue, T. CON.

FL. VICTOR.

4241. ℞ VIRTVS ROMANORVM. Femme casquée, assise et la tête tournée à g.; sur la main dr. elle tient un globe et de la gauche, s'appuye sur la haste; à l'exergue, MDPS.

EVGENIVS.

4242. 4243. AR Deux exempl[s]. modules et revers différents.

℞ VICTORIA. AVGG. Victoire marchant à g. *Inédite*.

ERRATA.

Page 26. ligne 13e, au lieu de SYRIA lisez : LYDIA.

— 67. Immédiatement avant la médaille № 901, lisez : CALIGULA.

www.ingramcontent.com/pod-product-compliance
Ingram Content Group UK Ltd.
Pitfield, Milton Keynes, MK11 3LW, UK
UKHW021823190726
13853UKWH00003B/1152

9 782329 588643